I0566783

DISCLAIMER

The author and publisher are providing this book and its contents on an "as is" basis and make no representations or warranties of any kind with respect to this book or its contents. The author and publisher disclaim all such representations and warranties, including but not limited to warranties of merchantability. In addition, the author and publisher do not represent or warrant that the information accessible via this book is accurate, complete, or current.

Except as specifically stated in this book, neither the author nor publisher, nor any authors, contributors, or other representatives will be liable for damages arising out of or in connection with the use of this book. This is a comprehensive limitation of liability that applies to all damages of any kind, including (without limitation) compensatory; direct, indirect, or consequential damages; loss of data, income, or profit; loss of or damage to property; and claims of third parties.

FIRST EDITION - Published 2021

Extra Graphic Material From: www.freepik.com
Thanks to: Alekksall, Starline, Pch.vector,
Dgim-studio, Upklyak, Macrovector
& Freepik.com Designers

This Book Offers Free Bonus Puzzles
Available Here:

BestActivityBooks.com/WSBONUS20

5 TIPS TO START!

1) HOW TO SOLVE

The Puzzles are in a Classic Format:

- Words are hidden without breaks (no spaces, dashes, ...)
- Orientation: Forward & Backward, Up & Down or in Diagonal (can be in both directions)
- Words can overlap or cross each other

2) LEVEL UP THE GAME!

A space is provided next to each word to write new ones, translations or notes. We also offer a convenient **NOTEBOOK** at the end of this edition. It can help you organize your annotations, new words and/or observations.

3) TAG YOUR WORDS

Have you tried using a tag system? For example, you could mark the words which have been difficult to find with a cross, the ones you loved with a star, new words with a triangle, rare words with a diamond and so on...

4) EASY TO CUT!

The Puzzles come with an Extra Large margin to easily cut the page out of the book. Some people may feel it more convenient to solve them this way.

5) FINISHED?

Go to the bonus section: **MONSTER CHALLENGE** to find a free game offered at the end of this edition!

Want **more fun** and activities to **relax? It's Fast and Simple!** An entire Game Book Collection **just one click away!**

Find your next challenge at:

BestActivityBooks.com/MyNextWordSearch

Ready, Set... Go!

Did you know there are around 7,000 different languages in the world? Words are precious.

We love languages and have been working hard to make the highest quality books for you. Our ingredients?

One part easy-to-read print, three parts entertainment, then we add some challenging words and a pinch of rare ones. We brew them with care to serve you lots of fun and an opportunity to solve the best puzzles.

Your feedback is essential. You can be an active participant in the success of this book by leaving us a review. Tell us what you liked most in this edition!

Here is a short link which will take you to your Amazon orders review page.

BestBooksActivity.com/Review50

Thanks for your fidelity and enjoy the Game!

Delta Classics Team

Puzzle 1

```
W X F R Q X B X S T B E Z L F
G N O K L A B T T F E D Y E O
I X R L J C J G R Æ L K M T R
L P E P O E J B E H Ø Y T T F
N F L I R S D E L I K A T O E
A E D N L A I S O S V E I E R
V D E N F A K Y S P I K E R D
J N R Ø E F H T I F I G P S E
E E Y S I E B Y I V N I O D L
Z V W S Q G Q R N S W M H I I
T Ø W W U S A T Y Y K V S H G
A T F Ø R G R D O P P H O L D
P U X H N L F R A A B A C Q N
E Z Q O V K D K Q M I G F V T
```

OPPHOLD
ISOLERT
BALKONG
VEIE
TAPE
SPIKER
KLÆR
GRØFTA
STJERNENE
FORFERDELIG

DELIKAT
PRAKTISK
SOSIAL
LETT
VANLIG
UTØVENDE
FORELDER
SOLO
SØNN
HØYT

Puzzle 2

```
O R G A N I S E R E R A A M S
P R N K Q L O T S M O D K F U
J V N E T E H G I L U M J O B
R Y M B M Ø G M E P V I Æ R S
U T F O R M I N G E N N R S T
N Å T E K T A E I U A I L V A
A L R V L L B N G L K S I A N
U E T L L Q T N I F T T G R T
T D E I I K U U F D I R H S I
E E L B E G E M T L V A E C V
N R G D E R F O R I I S T C W
F R N E O R U X S K T J V E C
O P I E Y P S K A L E O T H Q
R R D Z O C B A N R T N V K B
```

ORGANISERE
ADMINISTRASJON
LILLA
LEDER
UTFORMINGEN
DINGLE
MUNNEN
DOMSTOL
ÅRLIG
KJÆRLIGHET

MULIGHETEN
ILDFLUE
AKTIVITET
FORSVARS
ØRE
SKAL
UTENFOR
DERFOR
FINT
SUBSTANTIV

Puzzle 3

```
L  E  T  T  H  E  T  C  A  T  K  I  N  G  N
E  W  F  R  E  R  A  M  S  H  U  Q  L  Y  Y
S  Å  R  A  E  A  V  N  O  I  T  I  D  U  A
Z  X  B  L  G  R  T  J  D  W  B  D  I  R  F
T  K  L  K  N  G  A  X  C  E  G  R  T  E  L
U  E  G  O  I  U  L  D  R  B  M  O  L  T  E
H  E  R  M  R  M  E  A  J  B  K  N  Å  N  K
M  X  I  H  B  E  V  T  C  A  M  N  M  I  S
T  C  V  T  W  N  L  R  U  R  W  I  A  N  I
D  E  Q  R  D  T  B  C  U  K  S  N  R  G  B
U  L  S  U  H  E  K  Y  S  U  E  G  H  J  E
G  P  Q  A  V  R  F  Y  J  D  Q  E  Q  G  L
G  V  O  Q  B  E  A  O  M  K  M  N  Y  G  T
I  N  G  R  E  D  I  E  N  S  X  L  O  L  G
```

KRABBE	AUDITION
DRONNINGEN	FLEKSIBELT
DUGG	MED
VAREBIL	CATKIN
EXCEL	AVTALE
RETNING	HELLER
KLART	SYKEHUS
BRINGE	SÅR
LETTHET	ARGUMENTERE
INGREDIENS	MÅLTID

Puzzle 4

```
G D V G P K V H U S H E L L Q
P R P H T N E Ø T O K B N H I
K E A A O F X Y D X K E K T F
O E R D E B U D A D O D K P Y
M E S I E R D E N E J N I L T
M D T G O R U P N L S E H C R
U D P W C D S U I P K S K F E
N A C V A B E N N A W A E V T
I H G R A N D K G D A R E Q I
S D G K M J P T R G A L J P R
E U X U P G B R E N N I N G R
R O S S E F O R P S L A G S I
E F T E M G A R D E R O B E P
I N K L U D E R T N M F Q J T
```

PROFESSOR
LINJEN
GRADERS
SLAGS
HØYDEPUNKT
HADDE
GARDEROBE
SHELL
SJOKK
BEDRE

PERIODE
LEVE
RASENDE
BRENNING
GRAND
KOMMUNISERE
UTDANNING
IRRITERT
INKLUDERT
REISE

Puzzle 5

```
E B B U R K S S E L S K A P P
R R X H E R N T A N I P S G A
Æ I B W I K E S F Y J C L X R
L S R O E L N N O S N A Q N A
U T P R L B O U S X H L Q O P
P U W E P G K K T W L B W J L
O R T R E K M T V E U C X S Y
P O N I K X U T U M W O Z A A
M F T M Y K L N L V S A C M F
P M A V S G A C P Y K Y A R D
A E N M B M S A N N H E T O P
K O M M E R S I E L L G G F C
S X L C S A M H A N D L I N G
S O V E R F Ø R I N G W E I E
```

MOTELLET	SYKEPLEIER
MANUELL	YARD
FORUTSI	PARAPLY
SANNHET	SELSKAP
SPINAT	SAMHANDLING
KINO	SVAMP
OVERFØRING	KUNST
KUTT	SKRUBBE
INFORMASJON	KOMMERSIELL
POPULÆRE	SOFA

Puzzle 6

```
B  H  C  J  Z  Å  T  S  E  M  R  V  K  K  X
N  E  D  R  E  V  E  J  L  O  G  A  O  E  P
M  T  K  K  A  R  K  Q  W  F  M  V  M  W  O
U  E  O  Y  V  G  R  E  S  E  L  F  F  K  H
O  M  S  P  M  B  Ø  U  U  W  V  A  O  V  F
N  M  Q  T  F  R  T  F  X  H  E  L  R  A  S
I  E  S  Q  E  Z  I  Q  W  I  N  L  T  R  Z
N  T  X  I  G  R  E  N  E  M  T  C  A  T  B
S  S  R  E  F  O  R  M  G  M  E  J  B  A  L
C  N  M  E  R  K  E  Z  C  E  N  X  E  L  Å
W  S  U  G  D  R  P  X  Q  L  B  P  L  A  S
A  R  Z  S  O  M  E  L  D  I  N  G  E  N  E
K  Z  N  E  E  D  X  U  Y  Z  G  T  Q  M  R
R  V  T  R  G  R  E  N  S  E  N  Q  T  M  Y
```

REFORM	VENTE
KRAKK	AVFALL
KOMFORTABEL	ENERGI
MESTER	BLÅSE
GRENSEN	TØRKET
STEMME	LESER
SNUSE	MERKE
HIMMEL	STÅ
OLJEVERDEN	MELDINGEN
BEKYMRING	KVARTAL

Puzzle 7

```
D U D B R S N L Q X J F S V B
S E R Ø J G O V M H Y O K E A
K V I V C J J L W G A R J S R
R I S L M A U R D F X S E T Z
I T G N I S K O B A B K L L B
V A P O Ø G E M V A T J E I K
E G F K X F M N G K A E T G A
V E O H K X N O U E P L T E F
E N S P W W J U F U A L A R F
L A S T E B I L G X N I D A E
H Q X W V W D K P G V G L P S
A O B S E R V E R E J O I Y P
W M E D I S I N S K H I E W W
K W Z Y E W E C L W I H V A G
```

SKJELETT
MAUR
LASTEBIL
NEGATIVE
VESTLIGE
SKRIVE
BOKSING
MEDISINSK
KAFFE
BAR

SNØFNUGG
OBSERVERE
FORSKJELLIG
HVA
MEG
PAN
HAWK
SOLDAT
GJØRES
DEILIG

Puzzle 8

```
E  L  E  N  D  I  G  H  E  T  L  H  U  T  U
Z  R  E  R  L  M  U  D  Y  R  Q  R  N  I  S
T  J  P  N  H  H  P  T  M  E  Y  E  D  L  Q
T  K  A  W  E  E  G  Z  E  K  M  K  E  F  Y
E  L  E  V  Z  V  F  I  K  S  K  S  R  E  P
S  H  Z  C  Å  N  D  E  K  A  B  R  S  L  P
G  J  Ø  R  M  E  T  E  E  L  Y  O  Ø  D  O
T  M  E  R  T  S  K  E  R  F  C  F  K  I  K
R  R  S  O  L  N  E  D  G  A  N  G  E  G  R
U  I  A  O  A  Z  V  T  A  K  S  I  L  I  E
L  Z  Q  P  J  Z  V  A  N  E  M  I  S  E  D
Z  L  J  Z  P  I  N  N  I  S  I  D  E  M  D
F  U  L  R  N  E  D  Y  L  D  A  O  S  C  E
N  E  T  A  L  F  R  E  V  O  L  V  E  I  M
```

SOLNEDGANG
TRAPPER
ELENDIGHET
FLASKER
RYKKET
TILFELDIG
EKSTREMT
FORSKER
MEDISIN
ADLYDE

ELEV
UNDERSØKELSES
GJØRMETE
PER
SETT
VÅR
EDDERKOPP
LURT
OVERFLATEN
REKKE

Puzzle 9

```
Y E D U O M E H S O P S S W G
W H D E J R A A N Ø R N H S R
W C L B E E M N M K E W O J A
B X Y Y I M S D C I S O R S V
Y L Ø E E I X E R E L L E T I
R H P W B T B L L M Ø K K K T
K J Ø P T E K L G E P W R Q A
K E G W T G O P P H Ø R E D S
L T G I D N E T S L L U F U J
I N N S A T S N O P H Z L K O
T A H P E S F D W C A B A K N
S T R E E T T A L L E T K E J
Q Y M Y Q E R E T R A M S R M
K O M M E N T A R E N R D W L
```

TIMER
OPPHØRE
KJØPTE
KOMMENTAREN
DUKKER
INNSATS
SAMME
TANTE
GRAVITASJON
SHORE

KLIMA
PØLSER
STREET-TALLET
FULLSTENDIG
ØRN
HANDEL
TELLER
FLAKS
SMARTERE
HØYERE

Puzzle 10

```
B V M P A K S N E T I V N S Ø
U I B Q K T U S E N T S Q T D
G Z E I G P Y K D F U T G E E
A Z S M P G O U C V W V E M L
B U L L G M E N U E E O N P E
M J E F R O T S Y O J R E E G
G I L E S T U L P D N E D L G
H H A H R D R L L Z A M A I E
J R T I V H U U V U P M N M L
A E T C N J V F Q W M A T U S
E O U A H B E N C T A H S W E
K O N K L U S J O N K J O A F
K I M V M E N N S T I L K F I
R E G U L E R I N G Y X R L L
```

STIL
UTTALELSE
HVIT
ØDELEGGELSE
MENN
MUSIKK
FULL
KAMPANJE
VERDI
BEN

PLUTSELIG
VITENSKAP
TUSEN
KONKLUSJON
REGULERING
KOSTNADENE
HAMMER
STEMPEL
HJUL
STORFE

Puzzle 11

```
W T X C X W Z G A A E V Q I T
P E N I R A N A K V J E F I J
T H U K Y O A N B E F A L E R
I I K H L A W B M L A B L U U
N R L L C P C L F Y K U L T T
V F A G N W N N E Z N C O S G
I B K D J B O C W D H Q R I I
T S K E T E K L E M T E T K V
A M N G R T N K Y Q B T N T E
S B V N M S O G Z C T M O A L
J F I A J A W Z E Q H E K S S
O J U G W K F Z F L W L U N E
N M I S L Y K K E S I G K P N
V U R D E R I N G S S G K O M
```

GLEMTE
TEKST
GANGE
MISLYKKES
INVITASJON
TILGJENGELIG
UTSIKT
KANARI
ANBEFALER
UTGIVELSEN

KALKUN
KOM
BALLONG
FRIHET
KASTE
VURDERINGS
KONTROLL
KLEMTE
LUNDE
HEKS

Puzzle 12

```
R  D  J  C  S  I  F  T  S  R  Z  B  T  E  J
G  J  E  N  N  O  M  P  I  T  X  I  X  M  K
N  H  R  S  R  U  B  S  B  L  S  T  G  S  I
I  E  M  T  M  I  N  S  T  A  L  E  X  F  S
R  J  Y  Q  I  A  F  I  L  J  X  I  A  A  T
R  U  N  L  Q  L  S  P  V  W  I  R  T  C  Ø
U  R  E  G  I  O  N  S  B  C  G  H  J  L  R
N  E  S  L  E  L  Ø  F  G  O  Q  K  C  J  R
K  A  S  N  N  Ø  R  G  T  D  Ø  R  E  N  E
P  R  O  G  R  A  M  O  N  V  S  U  Q  U  L
O  A  P  N  M  O  F  G  N  I  S  T  E  N  S
R  E  S  T  A  U  R  A  N  T  O  J  N  E  E
R  E  G  J  E  R  I  N  G  S  T  I  D  H  L
G  G  A  T  E  D  L  O  H  R  O  F  N  X  I
```

REGJERINGSTID
FORT
SPISS
BITE
GRØNNSAK
GATE
TILLIT
MINST
GJENNOM
BUR

GNISTEN
STØRRELSE
FØLELSEN
DØREN
FORHOLDE
RESTAURANT
FOTOGRAFI
KNURRING
REGION
PROGRAM

Puzzle 13

```
I  G  I  N  T  E  L  L  I  G  E  N  T  S  I
L  S  M  O  D  I  F  I  S  E  R  E  A  H  O
J  E  R  N  I  B  N  H  U  B  R  I  S  T  E
I  N  D  E  K  S  E  N  I  P  M  Q  C  A  D
E  A  L  T  E  R  N  A  T  I  V  E  P  S  N
G  B  Q  O  J  M  V  J  B  N  R  N  U  P  U
T  D  P  M  J  A  Z  C  P  S  B  H  U  Y  K
S  E  K  R  E  T  Æ  R  V  E  N  N  L  I  G
L  O  K  X  S  D  P  R  A  B  N  A  K  K  E
J  C  R  U  T  I  N  Y  Z  A  Q  V  G  O  Z
T  M  M  Q  N  E  E  O  M  C  A  N  S  Z  I
O  O  K  N  U  R  P  Y  E  L  Å  T  Y  J  D
S  L  E  T  T  E  N  E  G  N  A  M  N  P  R
S  T  U  D  I  E  T  S  E  K  I  R  G  U  N
```

SEKRETÆR	VENNLIG
INTELLIGENT	MODIFISERE
ALTERNATIV	MOT
SYNG	PINNE
VALG	KUNDE
TÅLE	NOEN
SLETTENE	JERN
INDEKSEN	MANGE
STUDIE	NAKKE
BRISTE	RIKESTE

Puzzle 14

```
E  J  R  F  O  R  E  L  D  R  E  N  M  Q  J
W  M  E  F  Y  R  U  J  A  P  E  N  T  K  Z
R  T  L  C  F  E  L  V  G  A  R  Z  C  M  M
T  P  I  F  E  T  L  S  W  U  I  P  A  T  B
O  G  G  S  O  E  T  S  E  N  F  M  K  D  P
S  P  I  E  D  N  G  W  K  L  F  Ø  L  G  E
K  S  Ø  N  O  A  D  U  S  V  G  E  E  F  V
B  U  S  T  F  L  N  E  I  R  O  T  S  I  H
J  S  L  R  Q  P  G  I  T  K  I  S  R  O  F
Y  K  L  T  H  Y  M  B  A  H  A  L  L  O  X
F  U  A  Q  U  X  C  N  M  B  R  E  D  T  P
V  L  T  H  Q  R  H  J  A  Z  G  Q  H  B  J
W  Q  N  Q  K  U  Y  A  R  E  T  N  A  L  P
I  X  A  V  T  F  H  U  D  D  B  I  Q  U  Q
```

RELIGIØS
PLANETER
PLANTER
FORSIKTIG
LUKSUS
HALLO
BREDT
PENT
HISTORIEN
ELVA

KULTUR
FONDET
DRAMATISK
FØLGE
NESTE
ANTALL
SENT
JURY
FIRE
FORELDRE

Puzzle 15

```
B  S  C  M  G  S  O  F  B  G  H  V  O  T  F
D  U  S  E  K  S  R  O  F  T  U  A  T  I  J
J  N  T  E  L  R  A  B  C  S  R  N  Q  L  Q
R  E  S  I  S  V  O  F  U  O  K  N  H  L  L
V  L  C  H  K  M  X  K  P  G  R  M  P  A  D
K  G  Q  N  S  K  M  P  U  L  S  E  H  T  D
H  E  G  I  L  F  Ø  H  U  S  C  L  P  E  I
E  N  K  S  I  S  Y  F  F  G  A  O  M  L  S
V  S  O  Z  Ø  M  T  W  K  W  W  N  A  S  K
K  V  A  L  I  F  I  S  E  R  T  D  K  E  U
B  L  E  N  K  E  L  T  R  E  V  E  R  O  S
L  U  H  A  U  T  O  M  A  T  I  S  K  H  J
G  J  E  N  N  O  M  S  I  K  T  I  G  E  O
M  C  M  W  W  R  B  C  X  E  C  Z  N  X  N
```

AUTOMATISK   OST
ENKELT   TILLATELSE
REVERT   ØMT
UTFORSKE   ULV
BUTIKK   GJENNOMSIKTIGE
VANNMELON   KVALIFISERT
CUP   LUFT
DISKUSJON   UHØFLIGE
HOE   SNEGLEN
KROKUS   FYSISK

Puzzle 16

```
D  S  I  H  I  A  P  A  T  S  X  N  J  U  R
E  J  L  O  T  R  V  E  D  L  I  B  S  Y  L
K  H  Å  B  Q  L  L  S  L  J  R  H  I  P  U
S  P  K  B  R  B  U  D  T  X  O  I  R  X  R
E  X  M  Y  O  G  R  V  Q  A  F  F  O  I  B
L  C  O  K  F  C  V  C  I  N  N  A  K  D  T
E  B  L  X  T  A  V  S  N  W  E  D  R  I  P
T  I  B  R  U  D  D  T  U  R  V  S  E  K  U
T  X  T  N  L  D  J  R  D  A  O  N  T  J  S
V  L  O  A  O  C  M  A  A  S  D  H  T  Æ  T
K  I  G  M  M  B  T  G  E  R  B  I  R  E
Z  P  X  W  K  J  W  E  E  V  Y  H  S  E  R
S  L  A  N  G  E  V  G  V  N  Q  Y  E  T  V
H  W  R  A  S  E  Z  I  D  E  N  U  B  H  I
```

LYSBILDE   BRUDD
SLANGE   BESITTER
TILKOBLET   TIENDE
RASE   KAN
PUSTER   DEKSELET
KJÆRE   EVNE
HOBBY   RIS
DAG   STRATEGI
BLOMKÅL   AVSTAND
FOR   OVENFOR

Puzzle 17

```
F  B  S  H  Z  N  I  X  K  P  F  K  F  P  I
U  W  D  L  F  L  G  V  S  S  Ø  J  O  E  Z
G  R  E  V  E  L  R  E  V  O  D  Ø  R  X  F
L  E  W  W  L  E  F  F  Ø  B  S  T  K  J  O
E  O  B  J  K  K  R  N  K  Y  E  T  L  D  R
S  B  J  K  N  N  L  E  T  O  L  B  A  V  B
K  K  U  W  L  A  N  T  N  J  E  Q  R  I  E
R  S  Y  T  C  B  C  T  E  I  V  B  E  E  D
E  N  Å  S  L  O  V  A  M  D  B  C  A  K  R
M  V  Q  L  M  N  V  B  R  O  G  M  Y  X  E
S  A  L  D  E  R  A  E  O  K  V  Y  O  U  C
E  D  Q  U  R  E  D  D  T  C  F  J  U  K  F
L  Y  Q  M  Y  I  W  G  S  A  Y  I  C  Q  C
T  I  D  L  I  G  E  R  E  B  O  P  I  E  O
```

TIDLIGERE   SUKKER
KOMBINERE   LOV
FUGLESKREMSEL   MEN
DEBATTEN   LÅS
BØFFEL   KJØTT
OVERLEVE   BANKE
REDD   VEL
FORBEDRE   VIE
FORKLARE   FØDSEL
ALDER   STORM

Puzzle 18

```
S U T E M P E R A T U R Q U B
K N N Ø R G R A R T I S T H E
J D J O R T H W L D X I I Q S
E E I S T X S J C C P D S R T
R R L B G N I R D R O F T U E
F H N E S L E D N E H L A M M
Q O G Z J V U W I M P O R T T
Y L F R E T T U B E T S I S L
V D S R A A S Y X L E V I V C
F E K T W S Q E V E V F J Y V
B H R O E S G W A F L R Q Q L
I B W M Q D H T W A U C K O A
X T K B N G L W B N G Z V E E
L I R B M I L E T T Ø M O T V
```

STED	GULVET
BESTEMT	MØTTE
KREVER	ELEFANT
SISTE	TEMPERATUR
SKJERF	LAM
MILE	BUTTERFLY
UTFORDRING	TOM
HENDELSEN	IMPORT
STJELE	UNDERHOLDE
ARTIST	GRØNN

Puzzle 19

```
K  P  B  X  W  Q  E  V  Z  T  M  Ø  R  D  N
A  O  G  N  E  T  T  O  W  T  J  A  E  C  B
M  S  C  W  M  L  A  H  E  O  B  X  R  N  L
P  T  T  E  T  I  L  A  V  K  Y  I  Æ  N  A
E  B  H  L  B  U  Z  P  U  B  J  B  L  E  D
N  U  K  C  N  I  X  R  E  I  E  L  P  F  R
B  D  J  Y  D  T  B  P  Y  C  G  E  Y  E  O
O  B  A  Q  E  N  M  Z  J  R  W  H  L  S  B
S  I  K  K  E  E  M  N  E  K  E  L  L  I  J
X  E  T  J  K  R  O  N  E  H  A  T  B  V  E
R  E  G  B  J  B  N  U  Y  H  J  W  P  V  K
U  S  O  V  O  K  A  B  U  L  A  R  E  A  T
E  W  W  K  N  P  R  O  S  E  D  Y  R  E  L
W  B  V  S  G  F  P  O  T  Q  B  Z  H  F  A
```

KAMPEN	LEKEN
BLAD	EKTE
LÆRER	AVVISE
DRØM	ALLER
POSTBUD	JAKT
BUNN	PROSEDYRE
KRONE	NETTO
BRENT	GJENBRUKBAR
OBJEKT	KVALITET
VOKABULAR	PLEIER

Puzzle 20

```
M S F B E S K Y L D E R T V T
I W O S E K U P J P R U F Q V
N W R P D K P U Z G S Y Z O X
N H D E A O J M S G C K K G D
E A Ø S L L E I N O J S K E L
B F Y I O B M I V U M Y M Q Y
R L E E K Y R E G N O L L A B
B E E L O Æ O H U L L M U K K
A K I T J D N S X L U M M H E
N Z A K S R E K K O L K Ø N S
E K S N E K S I S T E R E Q T
T E H G I R A V F H Q B U I E
A U H A W N K J Æ L E D Y R G
E T T E R M I D D A G Z F E N
```

HULL	BALLONGER
ENORME	KANIN
SNØKLOKKER	KJÆLEDYR
VARIGHET	EKSISTERE
SJOKOLADE	BLOKK
LEKSJON	UKE
BESKYLDER	SPESIELT
TEGN	SKJÆRINGS
MINNE	ETTERMIDDAG
BLE	FORDØYE

Puzzle 21

```
M  I  D  D  A  G  X  P  R  E  T  S  Ø  S  J
V  K  T  W  N  A  A  Y  U  K  L  F  O  M  W
S  S  I  T  T  E  R  J  O  G  A  O  S  U  M
E  O  P  V  A  Y  T  S  R  A  F  R  X  L  F
O  S  R  K  F  O  R  M  E  R  E  F  F  I  R
L  I  S  T  Y  F  M  A  G  D  N  A  F  G  B
O  A  C  V  I  L  B  D  F  P  D  T  T  H  L
V  Z  X  P  Q  M  Z  S  F  P  R  T  T  E  A
C  H  I  P  S  Z  E  W  R  O  X  E  Å  T  N
F  Å  F  D  I  J  P  N  P  M  J  R  T  S  T
F  R  E  M  O  V  E  R  T  J  O  L  S  T  Y
Y  T  B  T  E  M  Q  N  E  G  E  L  R  O  F
H  I  M  M  E  L  E  N  O  R  B  P  O  L  U
K  A  T  E  G  O  R  I  E  N  P  A  F  T  L
```

VASK	FORSTÅTT
KATEGORIEN	FORFATTER
TRÅ	SITTER
TJUE	MULIGHET
OPPDRAG	FORMERE
FREMOVER	SØSTER
MIDDAG	FALT
SORTIMENT	CHIPS
FORLEGEN	HIMMELEN
BLANT	STOLT

Puzzle 22

```
F A C Q J M E Z S Z G L E C C
L N N A M Ø N S K O N T A K T
O L B T Y B E S F T D C R E H
M E R P S F K H Z C O E H H M
Y G Q Q K Z R E I S S K N V T
G G I F T U E T Y N G W I Å N
R E T F Ø L V T N E W E H B M
A T L R Y H X I J L L I E E F
V X E E S Y Z G M O L R Q T O
I F T O R L U G Z J W O O I K
D U G Y L D I G E K O T G B D
H E N G I V E N H E T S O V K
A N E M O N E A K G R I J N Q
L U N S J F R N K B A H V T S
```

FLOM   LEI
GULROT   MÅNED
INNSER   LUNSJ
HISTORIE   ANEMONE
KONTAKT   GRAVID
UGYLDIGE   SIER
LØFTE   HENGIVENHET
VERKEN   KJOLEN
TELT   SNØMANN
ANLEGGET   SPRE

Puzzle 23

```
R  I  T  Q  R  Y  S  I  Y  T  U  E  K  K  U
V  K  S  J  Y  D  A  R  Y  E  S  I  F  L  W
E  H  O  T  Z  A  T  S  U  N  T  K  X  A  O
I  K  P  M  A  M  T  M  V  K  A  E  I  S  J
E  E  C  R  B  P  G  C  O  Å  B  N  G  S  L
N  V  U  O  N  I  P  X  G  V  I  Ø  E  E  H
V  A  M  T  E  E  N  E  N  C  L  T  N  R  E
O  K  Z  A  G  P  Z  E  R  Q  X  T  T  O  P
R  U  B  L  I  P  D  V  R  T  I  E  L  M  T
S  E  T  U  L  I  P  A  N  I  S  R  E  M  R
E  R  L  K  N  D  J  G  O  F  N  S  M  E  H
J  E  A  L  Y  P  K  F  Q  K  J  G  A  T  D
X  W  G  A  S  D  X  R  Ø  B  D  E  N  Z  L
W  P  T  K  S  M  A  T  E  R  I  A  L  E  T
```

KLASSEROMMET	POST
MATERIALET	ISTAPPER
GALT	NEDBØR
GAVE	EVAKUERE
VOGN	SATT
SYNLIGE	KOMBINERING
VEIEN	KALKULATOR
GENTLEMAN	EIKENØTTER
USTABIL	TULIPAN
KURS	VÅKNET

Puzzle 24

```
N Æ R I N G S S T O F F E R L
O I X V A O H F E K S P E R T
J N P R O D U K S J O N F I Y
S T H L Q C D R K A F U U Q C
A E Z Å L D P A E O Ô J B F X
R R V R N K H D S I R F D D O
E R L G A D U G P R R H F R E
N U E T N J X J T I M E Y Z T
E P G A A B A G Z Y E N S O M
G T D Z B G N I N D A L K N C
B E I Y U M E N W Q F F N E I
T H W L Y S J N R W B U E D M
M N X F I L X I T D R O M R Q
F E R D I G G E P G Q Y G O X
```

ENSOM
GRUNN
NÆRINGSSTOFFER
LADNING
GENERASJON
INTERRUPT
AGENT
TIME
PRODUKSJON
FERDIG

INNI
EKSPERT
BAG
ORDEN
GRÅ
FÔR
HÅND
BANAN
SEKS
ENHET

Puzzle 25

```
O  P  P  D  A  T  E  R  I  N  G  N  E  S  A
Y  C  E  K  K  R  P  Z  H  E  K  Y  P  V  R
B  D  K  Q  J  U  W  J  M  T  D  L  S  R  B
E  R  E  T  I  V  N  I  K  I  Y  Y  T  S  E
S  U  A  G  X  E  N  N  J  L  L  K  E  L  I
C  T  G  K  A  U  E  G  S  E  Q  F  R  E  D
H  K  Z  H  T  O  P  L  M  K  L  Q  K  T  S
D  U  S  T  U  E  G  D  U  Q  A  R  U  T  K
Z  R  I  W  L  K  N  E  G  R  N  P  K  E  R
K  T  Q  W  K  A  D  I  N  V  O  J  P  P  A
Y  S  T  L  B  W  R  B  P  Z  J  E  U  E  F
V  G  M  D  J  T  O  U  P  C  S  Y  K  N  T
T  E  N  K  N  I  N  G  U  C  A  B  B  N  H
G  R  E  S  S  H  O  P  P  E  N  S  M  A  K
```

MINUTT	ORD
SLETTEPENN	PEN
ARBEIDSKRAFT	BRAKTE
TAXI	KUNNSKAP
KLUT	INVITERE
LITEN	SENG
DIN	STERK
TENKNING	OPPDATERING
NASJONAL	SMAK
GRESSHOPPE	STRUKTUR

Puzzle 26

```
N E T T V E R K E T E S T V S
K V E L D S M A T T V U S E A
F O H M N D G G Y M A L T N M
B W O R E C A R N S B T A N M
D E B R C K B Y C E B E R E E
A G A K S T J Q R N T N T R N
M N N L E A V E A N W L K R L
E I K N D D T X F E Y O U S I
E R T E R I K Q E H X V U P G
X B D Z R D Y I T D Z V I A N
X L V R T N N O S I B E O R E
X I I C M A T U E R E Q E W E
D T F B N K I H B D O M M E N
G J E N N O M F Ø R T T A G G
```

VENNER
SULTEN
HENNES
SAMMENLIGNE
BISON
NETTVERKET
KANDIDAT
KVELDSMAT
BESTEFAR
PULTEN

BRYTE
DOMMEN
TILBRINGE
START
WRAP
IRRITERE
ERTER
GJENNOMFØRT
DESCEND
DAME

Puzzle 27

```
R  P  J  Q  S  I  N  C  H  E  S  H  L  L  G
E  S  G  V  S  K  M  F  T  Q  A  C  E  A  I
K  E  N  E  C  S  Ø  F  R  S  P  K  N  L  L
K  N  I  P  N  V  Y  Y  N  D  K  Q  O  L  Ø
E  D  T  Å  Y  R  Z  J  T  Y  H  K  I  U  J
V  L  T  S  H  F  Z  E  S  E  K  C  O  M  K
I  U  I  N  E  L  R  R  E  O  R  X  V  O  S
D  K  T  Y  T  R  O  E  R  M  Ø  L  L  B  E
D  K  N  B  S  T  T  B  E  W  T  K  W  O  C
E  E  F  Q  O  G  D  G  R  I  B  J  F  Z  P
L  R  L  M  K  A  E  A  G  T  M  E  N  R  I
I  U  G  L  E  L  V  Z  I  R  W  D  Q  U  Z
C  X  V  G  M  T  G  A  M  I  B  E  G  C  Q
S  U  B  C  O  M  P  A  C  T  R  N  W  C  M
```

KJEDEN	LAGT
KJØLIG	SÅPE
SCENE	BROKKOLI
TITTING	REKKEVIDDE
MOTORSYKKEL	UGLE
SKØYTER	NYHETS
MOCK	BOMULL
MØLL	SEND
INCHES	MIGRERE
SUBCOMPACT	LUKKER

Puzzle 28

```
Q R S S M E F T E S R I K B T
Y C P T D F D R A M S B A L U
T R Z N Ø I R R B E D H K R M
R Q E V E V K M E L F W X O Y
X I M V A T T Y H T G Z F J F
F F M P M R W X A E U W Z R T
M Ø O J X M E T K E R R O K I
Å L K O L T G N D P N M W R L
L E M N Y L I G A P V H O U B
I L O V F I L R Y A W C A G U
N S L W K F E O B N X X E A D
G E N N E D D S C K L E M A U
T U K O N N Y M A K K U R A T
W Y L A M U N O H T D K C Q T
```

SMELTE
MELK
STØV
NYDELIG
OMSORG
FØLELSE
FIENDE
MÅLING
ARENA
HYTTA

OMKOMME
AGURK
AKKURAT
FEM
TILBUD
NYLIG
DENNE
KORREKTE
KNAPPE
FILT

Puzzle 29

```
H E N D E L S E N N N R O M R
R D E Q F J O P P G A V E Ø P
U R K O N S D A G B W Z I R K
N E A F M W W S V B W I C K G
D J S O O T L Ø R D A G E I U
T G R R T R E Y C X E R T X I
M V Å F O O Z S C U E K M Q S
D Q Z E R P L Y T N I I M A
P K I D V S J F I S U J F F K
T M Ø R E B T F R Ø K R A M T
L T L E I H E O P R I N S E N
B D F W E D F X O Y F E O F C
L J U M N U M O N T E R I N G
K O N S E N T R A T E N R A B
```

UFORSIKTIG   DEFINERE
MOTORVEIEN   TEST
ONSDAG   RUNDT
BERØMT   ÅRSAKEN
MARKØR   MONTERING
SPORT   HENDELSE
PRINSEN   OPPGAVE
KONSENTRAT   LØRDAG
GJERDE   FORFEDRE
MØRK   BARNET

Puzzle 30

```
Z  W  E  H  E  D  N  A  L  B  V  O  L  D  B
G  V  J  T  Y  L  N  U  S  T  W  I  V  L  F
X  G  S  T  I  W  R  W  T  V  V  J  M  I  N
I  I  S  T  Ø  B  A  D  G  E  C  I  U  J  R
M  T  L  A  K  R  L  D  C  P  Y  T  S  B  R
E  K  F  I  H  H  K  A  D  I  U  K  E  R  D
S  A  Z  L  L  G  L  E  S  R  Ø  F  P  P  O
T  L  R  E  P  R  E  S  E  N  T  E  R  E  R
Ø  I  Y  W  J  A  K  K  C  N  U  A  A  K  A
T  E  F  K  R  Y  S  S  H  A  W  Y  K  S  T
T  F  M  W  G  Æ  P  V  V  F  O  O  Q  K
E  M  O  B  E  F  V  F  N  H  S  P  A  H  E
A  Y  K  T  I  L  K  O  B  L  I  N  G  E  N
R  I  B  J  S  K  I  N  N  E  N  D  E  S  R
```

VÆSKE	KRYSS
TØRKE	JUICE
VANN	TILKOBLINGEN
BLANDE	FEILAKTIG
KLAR	BADGE
VOLD	REPRESENTERER
KOMFYR	STØTTE
ADD	OPPFØRSEL
NEKTAR	SKINNENDE
MISTE	SOKK

Puzzle 31

```
L  I  G  N  E  N  D  E  K  K  A  J  K  K  F
F  O  O  C  O  R  R  F  G  J  G  B  Ø  N  I
C  E  R  T  Z  U  N  D  E  R  V  I  S  T  N
Z  Z  L  K  L  V  K  F  P  F  D  L  P  F  N
G  Y  L  L  A  G  X  O  L  J  Q  H  V  N  E
D  J  K  W  E  N  D  R  E  S  N  E  G  M  L
K  X  I  G  T  S  C  T  J  F  Q  K  J  V  D
S  T  R  Ø  M  P  E  S  H  W  B  B  F  T  N
I  Y  Z  W  I  T  J  E  S  K  A  P  E  R  A
T  F  Y  J  A  P  O  T  T  R  P  Q  Q  P  H
K  D  S  Y  H  V  B  T  F  G  L  E  D  E  R
A  V  D  A  H  A  B  E  W  B  M  P  G  P  O
F  R  E  G  J  E  R  I  N  G  E  N  T  E  F
F  A  M  I  L  I  E  R  S  I  T  J  O  O  J
```

FORTSETTE	ORKAN
GLEDE	SIT
SKAPER	ULL
LIGNENDE	FINNE
STRØMPE	FAMILIER
FAKTISK	SØK
JAKKE	JOBB
REGJERINGEN	FORHANDLE
UNDERVIST	FELLES
GENSER	HJELPE

Puzzle 32

```
M D N L T H N M P U R R E B Y
C O I G J E N N O M G A N G E
I E T E H G I T K A Y Ø N K K
F P S T G I H U L E I S Å N S
B O R C A S F T A N V R Q W U
X T R P X S L N T K K U I A U
V I S E S E A K C H O C K E Y
U S V L L M G I L D I T Q M V
S E I R H L G D R A K E U E Z
K N D K B E D N E L Å R T S U
J T E T U G V E L K O M M E N
Ø R R S V E H O L D N I N G E
R U E E E R V E S T P T A U T
T M O H T U J B U G A Y P C F
```

KRÅKE
HULE
STRÅLENDE
GJENNOMGANG
NØYAKTIGHET
TIDLIG
VEST
PURRE
MOTTA
VISES

UREGELMESSIG
HOCKEY
DRAKE
VELKOMMEN
VIDERE
SKJØRT
SENTRUM
FEIL
FLAGG
HOLDNING

Puzzle 33

```
I  W  W  G  D  P  G  R  Z  G  V  O  Q  W  W
I  V  G  S  T  O  R  O  N  N  A  R  B  E  S
R  E  N  N  I  V  K  I  N  I  R  V  I  L  L
V  N  E  I  P  K  M  U  E  L  M  H  C  N  H
K  N  P  T  I  R  G  E  R  L  E  T  E  I  O
F  Ø  Å  B  Æ  L  O  E  B  Y  N  R  V  L  X
F  B  V  N  D  D  I  M  O  K  G  A  I  M  P
Q  B  L  K  E  N  G  U  R  U  E  G  T  A  I
Y  I  H  D  B  X  I  E  F  C  L  I  A  N  R
T  U  O  L  J  H  A  L  N  I  I  S  M  G  F
Ø  K  O  N  O  M  I  I  B  R  T  K  I  L  U
W  H  K  Q  K  K  H  B  Q  T  Z  E  N  E  R
I  L  K  Y  A  P  K  U  G  A  Y  U  E  R  T
P  P  O  Y  D  P  A  J  V  I  N  D  R  J  O
```

JUBILEUM	KVINNE
STOR	ENN
KENGURU	VÅPEN
ØKONOMI	VARME
VEGG	TILEGNE
KYLLING	HELP
VILL	MANGLER
VIND	SEBRA
BØNNE	TRAGISKE
VITAMINER	TILNÆRMING

Puzzle 34

```
S  I  C  W  Z  R  F  R  D  F  T  Z  S  G  P
N  N  S  B  U  E  E  I  I  T  V  R  Z  B  O
Ø  T  T  Å  F  P  L  N  S  S  V  J  R  L
B  E  T  I  F  A  T  G  T  T  Y  B  I  P  I
A  R  T  E  G  R  O  T  R  S  T  K  U  R  T
L  N  Q  E  T  A  B  R  I  Z  G  W  O  O  I
L  E  K  G  V  S  A  B  B  Y  H  V  R  B  M
S  S  V  R  T  J  R  R  U  B  A  T  Å  L  A
D  R  U  E  S  O  O  U  E  Q  V  J  T  E  N
V  H  L  Z  I  N  B  O  R  E  A  C  T  M  N
O  I  G  O  L  O  N  K  E  T  X  G  E  E  H
T  F  R  U  K  C  U  P  C  A  K  E  N  T  A
K  K  I  R  S  E  B  Æ  R  A  J  W  C  A  Z
U  N  N  S  L  I  P  P  E  D  A  Y  G  M  F
```

REPARASJON   ROB
DISTRIBUERE   SYK
PROBLEMET   TEKNOLOGI
DRUE   FÅTT
RÅTTEN   UNNSLIPPE
TETT   POLITIMANN
RING   INTERNE
KIRSEBÆR   FELT
TORGET   CUPCAKE
RIK   SNØBALL

Puzzle 35

```
D  L  F  B  L  F  P  G  G  Y  R  T  A  K  I
P  D  O  D  Y  Ø  N  R  O  F  M  Z  N  J  I
T  I  K  G  N  I  L  D  N  A  H  S  S  Ø  R
F  Q  R  R  L  T  E  R  R  O  R  I  V  P  I
L  T  Y  K  O  T  O  L  I  P  T  R  A  E  D
G  K  Y  R  K  L  T  L  K  A  R  K  R  L  X
S  S  V  A  C  Ø  W  Q  J  B  Æ  U  L  K  S
W  L  R  H  V  S  J  W  F  Q  R  L  I  C  Y
L  P  N  M  C  E  L  L  E  J  B  E  G  U  H
A  L  L  T  I  D  F  Ø  R  T  I  R  W  C  J
B  A  K  K  E  N  N  E  K  S  R  E  F  Q  W
R  E  L  S  A  K  E  N  O  L  X  G  N  A  W
O  H  F  R  A  G  M  E  N  T  Z  L  Z  M  T
T  K  L  C  J  L  O  X  K  T  H  O  U  H  S
```

SIRKULERE   PRAKT
SYKLING   BJELLE
TERROR   PILOT
SAKEN   HANDLING
ANSVARLIG   FERSKEN
TRYGG   KJØPE
FORNØYD   BAKKEN
ALLTID   SKY
FRAGMENT   LØSE
TRÆR   FØRTI

Puzzle 36

```
E F J M M I G H H H Q L R Y F
G T E T A T I S C Y A T E S L
F O R S K N I N G T R R D H Å
H E U O O P J H A L T E D M V
T S A L P B I F R A V D I I E
Y E Z X W S S R Z K H J K S N
P G M J H I N E S E N E S T N
R L S L W T K A S K E I S E F
D Z Q V Y A Y T R K A P G T L
I R J G G R B R X T W F C G C
P Y B J W G F E S T E R U R D
A B S O R B E R E L K D N Å H
B E H A N D L I N G T V X F W
S E P A R A T T B Q X O W C V
```

HÅNDKLE	BEHANDLING
ABSORBERE	NESEN
FESTER	EKSAKT
FATAL	FORSKNING
MISTET	TREDJE
SEPARAT	TRANSPORT
REDDIK	LÅVEN
SITATET	GRATIS
FYR	SEGL
HEL	PLAST

Puzzle 37

```
N X B H Q B H T N E P S I Y G
B G M D I F D F O Q L G T H J
T M U L O V F T E T L I A G E
N Q D R A H W B D I A G B U R
B E N Y T T E T T K L Q M N
A R E E N D E L I G E T T M E
N Æ G R E S U L T A T E T I F
S T N A P T C O U P E H N G Z
A I I V L R Æ F E G N I J J R
T L C S M E M C T P Y V U M W
T I J P A V T A K X Y A L Å J
E M S A M H A N D L E U N L M
K V M U M F H U Y I L E J E Y
K R C X P T J P O N N W C T N
```

TILGI
SPENT
SVAR
INGEFÆR
INGEN
GJERNE
MILITÆRE
ANSATTE
TOTALT
GUMMI

COUPE
BILDE
BENYTTET
VERTS
RESULTATET
SAMHANDLE
MÅLET
HARD
ENDELIGE
VOLUM

Puzzle 38

```
P Y K Z L Y P R P M X E K X S
H H T G M C X T R A E K E O T
X V C Å D R I K K E O F F V I
Q W L H F D C U J T D S M E L
B E N S I N V R K J E N T R L
I M I T E R E B V G R H U R H
G E N E R Ø S I T E T Å C A E
G I F T E N E D U H T N V S T
N Y Ø T E R Ø J K A E D B K A
Q S X I F M V O D K K T N E G
C Q R V I K T I G W A A Y L U
I E G T C A E P V Y R K K S V
S T E R M O M E T E R F X E J
F O R U T E N W D V U M X Z B
```

IMITERE	UNDER
GENERØSITET	KJØRETØY
STILLHET	BENSIN
HÅNDTAK	TERMOMETER
VIKTIG	KJENT
OVERRASKELSE	BRUKT
SERIEN	OFF
FORUTEN	GIFTE
HUDEN	DRIKKE
RAKETT	MÅLE

Puzzle 39

```
Z E R E T K E L F E R Q I O G
C R O M P I I G N O R E R E X
I U K H D Ø R F J I T G Y A B
H T K O B P F S F E O D X C N
P E O K M B D W D B H A X J E
O N R T U A Z O L A A V D J G
T E T K N M Z I M R G F I Q O
T S N R R E N T E R B H Y S K
E A E X M J N E D E F O K U S
N K L O M K M V I E I I K T N
J E A F B S F O R L A T E Ø G
T O T T A K Y F B U R D L R E
L E V I M V T E N N Å Z J R R
W I O Z N Q B R Ø T N V G E R
```

HVIS
SKJEMA
KATT
GOBLIN
REFLEKTERE
FORLATE
TIRSDAG
REGNSKOGEN
KORT
BRØT

TØRR
FOKUS
IGNORERE
TALENT
NEDE
ENNÅ
POTTEN
RENTER
RØD
UTEN

Puzzle 40

```
R T L Z P E R I M E T E R J F
Y E N D Z L P S M E E T E B U
D P I R D L A P N H T R P Q U
N P R Y B E H E U R O O P L S
Ø O E E A C G S A S P J O F J
K T T Q T N K A S S A K T H W
K S E J E S Z G M E P S S L F
E O R P K J D F Q R A U G P Z
L B E S K Y T T E P F Z W A L
Y V S F E F S E T J J I M U X
X Y U V J E J P T C C B P Y O
Z L D D S E Q E Y P A R K E N
B L E R D N I M L W Y T E H K
S B R F Z V T V F C W H U U V
```

PENGENE	DEL
PERIMETER	SKJORTE
BESKYTTE	PRESS
STOPPET	CELLE
STOPPER	SJEKKET
FLYTTE	SAG
REDUSERE	SAU
SUPPE	NØKKEL
POTET	MINDRE
ALDRI	PARKEN

Puzzle 41

```
T S F G T B F W K Z S P N L E
Z T I R E J N A T S A K O Y O
Z V A K M C U R I T X A E K R
J N F I T A G O Y Z A B N K V
S A M E R I K A N S K E S E F
F L A G G E R M U S T G I L R
Z C L Q T F C J L X E E N I I
S E N D T Y K Z S M L L N G V
G V A N N K O K E R L N E S I
U E R E I R R A K E E N U T L
F R I P A P K R O B A A H E L
O S Z T P Y D O K E S T D Q I
K J Æ R L I G E Z F X P X J G
S Y K D O M W I O P Z H A T Y
```

SNART	FRIVILLIG
PAPIR	BAK
SENDT	FLAGGERMUS
TELLE	VANNKOKER
DYPT	AMERIKANSKE
TANNLEGE	LYKKELIGSTE
KASTANJER	FEBER
KARRIERE	KJÆRLIG
GEIT	SIKT
SYKDOM	NOENSINNE

Puzzle 42

```
Y M F H R R E S S A P Z G O S
R E G I T K I S R O F E U E K
E Q W O R P D V O H C G H U J
P G H I K R E M M Y G G R P E
P G V M B E V Z B Q Y X E E L
E Å X C R E T A E T N Z B E V
P Q A E N E S K O B D F C H E
Z B E D F Y N X K L O K K E N
M O T S A T T O A B V P Y S X
I D D L P T X M K R Z F X S C
Y J N F P A G G F O F A D I M
N M O B A N J U F R X X K D I
Z A V E P P U R G E I I D P S
R Y T A N G R E P T N F X H S
```

ANGREP	PASSER
PAPPA	NATT
MISS	TEATER
KLOKKE	FORSIKTIGE
GRUPPE	DISSE
SKJELVEN	NOK
BROR	MOTSATT
PÅVIRKE	BOKSEN
MYGG	OMVENDT
PEPPER	VONDT

Puzzle 43

```
S P E I L C E G K K W Z L F B
X K V K M N D I I D I C I O R
T N Z D F Z E H N P J K S R L
N I E M B E R E T R O S T E E
E N E S T Å E N D E F I E T P
D F D M B R L J H G L P T R I
L E E D W I L V K Y P Y H E J
E N L G C D A D E K S T S K O
J D S M M L A M S L O Z M K G
S R B Z M O E D U O D P P E C
E I L S K M W T R A W L E R E
L N I W B M T M A R K E D E T
U G K F Z E A B S L U T T E N
K V K I N T E R E S S A N T X
```

LOMME
SPEIL
TYPISK
HVAL
SLEDE
FORETREKKER
MARKEDET
SJELDEN
INTERESSANT
LISTE

ALLEREDE
ART
LYS
BLIKK
ENDRING
SLUTTEN
SORTERE
ENESTÅENDE
SLUTTE
SMAL

Puzzle 44

```
F S X N V O U K Q T N U S H I
U Z Q P V E V I R K S E B E J
N R Y D D I G O Ø J U N H S E
N E S P B D J N M E D Ø U T A
E T A K X H S M S Q Z Y K W L
T T A S E N D E Ø V G E A K C
O E S L K Z H G E N G I C A G
E E L A M K O A T X S O K S U
O E W F S A I M J L A T E D O
T D U N D T X B D E X R E E G
Q T S V R J V A H V S D G R V
I P H U N O S E V R E S E R A
J R S K D N O X N A H I L V F
K E C B W B A R N F N L L Q H
```

FUNNET
MAGE
MALE
MØNSTER
SUNT
FALSK
HELLE
SENDE
RYDDIG
RESERVE

FARVEL
HJORT
BESKRIVE
DEM
HUN
DETALJ
NØYE
ETTER
HEST
SMØR

Puzzle 45

```
F O R S K J E L L Y T L D D Z
U C R G S G C T Q K E I O K S
N K E L Ø M T M B M H N M U H
E P G A L J K Q R F G V M E E
A I L S S F E O E D I E L G
J N E S G U F I V L G S R L R
F N S U N J F G C V N T J E E
L S R Z I V E Q N M E E T V U
R A L F N R L U M W H R M E O
I M O S E E D R C W V I J V U
R L I W M T W Z Z Y A N G Y V
X I F L V N Z H K P U G Y U U
I N X M Z I R L S O M T A L E
K G B E S L U T N I N G S S I
```

GLASS	FIX
HEGRE	MENINGSLØS
EFFEKT	FORSKJELL
SELGE	INVESTERING
VERB	ELLEVE
INNSAMLING	DOMMER
BESLUTNING	SKO
FORMEL	INTERVJU
APE	UAVHENGIGHET
FET	OMTALE

Puzzle 46

```
S  E  K  S  J  O  N  U  I  Q  I  F  G  H  L
T  P  I  S  L  S  S  L  I  P  P  E  R  I  Q
K  M  F  L  N  R  D  T  T  B  T  E  A  N  E
R  U  K  J  Ø  L  V  A  N  N  E  T  F  D  Y
E  M  M  O  S  K  R  E  M  P  P  O  E  R  P
S  T  U  D  E  N  T  I  L  P  D  W  N  E  G
T  R  N  H  T  E  G  A  D  P  P  O  K  N  L
O  K  K  P  I  N  B  W  X  D  R  B  E  I  E
P  S  A  N  D  S  L  O  T  T  E  S  K  V  V
I  R  E  N  O  I  L  L  I  M  S  R  S  S  I
G  N  I  T  X  T  R  T  B  A  G  X  N  N  S
E  B  T  S  Y  Q  S  H  B  V  P  T  Ø  N  D
Q  V  S  D  E  J  S  A  T  I  L  S  D  I  O
C  S  I  D  D  N  A  T  S  S  F  C  H  P  M
```

OPPDAGET	ELG
STUDENT	ØNSKE
MILLIONER	HINDRE
SANDSLOTT	SEKSJON
OPPMERKSOMME	STAND
TING	SLITASJE
KJØLVANNET	PINNSVIN
SLIPPE	BASSENG
PRISEN	RIDDER
VISDOM	GRAFEN

Puzzle 47

```
E  C  I  H  V  O  A  I  T  G  D  L  O  T  S
T  V  T  U  I  E  J  U  T  H  I  E  P  R  I
E  T  L  G  K  W  G  N  Q  H  S  N  P  Y  Y
T  N  O  N  K  O  G  B  U  Z  T  V  R  Y  T
P  Å  L  I  T  E  L  I  G  M  U  F  E  I  A
S  N  W  N  L  N  E  D  L  E  R  I  T  R  M
N  Y  X  E  O  M  T  E  N  R  B  J  T  E  B
I  D  N  M  V  B  F  P  M  K  H  V  H  V  I
B  P  Q  E  T  K  N  E  T  N  U  J  O  S  S
O  F  B  D  S  X  J  J  E  N  V  R  L  I  J
R  D  R  I  F  T  E  O  T  A  T  L  D  D  O
R  C  H  Z  W  A  L  A  S  T  Ø  L  E  E  N
I  O  V  E  R  B  E  V  I  S  E  A  A  B  J
T  N  R  E  J  F  D  Z  R  O  J  H  I  R  Y
```

STOL	TANNKREM
OPPRETTHOLDE	DRIFT
FJERNT	HOT
AMBISJON	MENING
ROBINS	LØS
SYNES	HALL
VOLT	TENKTE
PÅLITELIG	OVERBEVISE
DISTURB	SIDE
EDLE	RISTET

Puzzle 48

```
G C O N F I N E D Y H S L T P
N R R H K T W Z Q G S T B F F
A E A B R F S R G Z R E P E C
G G P D T P D T W M E G U T R
L G O W V P M O O N N U J A X
K U F Z E I U T R A R H M M H
J V E K W U S K O T E C M Q E
Ø I C I A T G E S U J Z H Z Z
R F X O Å N N P A R T I T T I
E Q M X V E E S S L S U B Z K
R W Q H I S O E Y I F R E D E
J A A Q F U P R Y G S R G M L
H O T E L L E T J A Q A F Z Z
V A R I A B E L K X Y D Y O X
```

KJØRER	ROSA
STEG	VUGGE
MOTSTÅ	RESPEKT
GANG	PAR
TITT	FREDE
GRADVIS	RAD
VARIABEL	HAGL
POENGSUM	BLUSE
NATURLIG	CONFINE
STJERNERS	HOTELLET

Puzzle 49

```
H S H P W I E M B R W Y P K M
V O T S T E M M Ø R T S R O R
J O R E G N I N T E R H Ø K M
C X D N H G S N T V T N S E A
I Å S Å T G A N E O S S L T R
B O S L L N I B F T Q K I S I
X L T M K H P D F U P I T E H
W X L C H C B W Y H J P E L Ø
T E N K T L P C C P Z M N D N
F R I I D R E T T L S A S E E
P R I V I L E G I U M K B P R
D H F D Y T A U X V R Q M A
R M Y X K H R S K N W E E A L
P B U J T A S G L X J S Z L K
```

KAMP
STRØMMET
EDLESTE
PRIVILEGIUM
FRIIDRETT
UTOVER
TENKT
KOKE
KLARE
SLITEN

LÅNE
SPYDIGHET
MARIHØNE
LAMPE
SNØ
STO
SKIP
FETT
BÅDE
RETNINGER

Puzzle 50

```
Q Z G P B T E F A S K M A Q R
G Y Z D W T A W G S F G A V J
T V T S T X C O I F M P P T E
H V I L E U C T R N P S J C L
B L D G U X A M R L T E D D Y
A K U U A R T R E S E S A J L
G Ø H Z K O Y C J I T I L U I
N F S O A K A K G D T V Z B B
I R M T M E V D S E Y J I H L
N E N A B R M X Y N N V L B I
D L O H R O F E N E K N A T T
I D K S P Z L M T S B A R E T
R O I N E S E R E S I P S N I
K O M P L I S E R T B K K O N
```

BARE	APPLE
TEDDY	TANKENE
FORHOLD	ØST
NYSGJERRIG	KNYTTET
DEMOKRATISK	BLITT
VISE	HVILE
RIDNING	BANEN
INSPISERE	KOMPLISERT
ELF	SIDEN
KAKAO	SENIOR

Puzzle 51

```
W S O D S Y D I H C J R M B O
I E K A M P Z R Y E E S R A K
J L T S C H I E D T N A Y L B
S J C S W S T L T V K S B O H
U E G B E F R A L C N Ø I D M
A N N E T L L M Z E B R L C O
G J I M O A F N L N R L L B N
G J N M U M T G O J U I E P I
T R D O L I D U C K F G H W T
N C Å L R S Z I R X L B J R O
A A N P U E G N U T T A K D R
P L E E S D K J Ø L E S K A P
P B B T O O M W X K Å L M T M
O V U K V M V M E R E V J I Y
```

MAKE

PLOMME

KJØLESKAP

SELJE

BENÅDNING

DUCK

SPILLER

FLESTE

BILLE

SØRLIG

MALERI

LATTER

ANNET

KATTUNGE

KARSE

KÅL

REV

DESIMAL

MONITOR

BLYANT

Puzzle 52

```
S A N N S Y N L I G X Y W C L
M T B Q C Z H U E N N O L O K
T N R O W R N E D I T M E R F
C A K A N I N E N R N J T J B
D U H W Y E U E N E L L E J F
O A W S I U R Å W S O F K G S
P F S C B R M J W I P O S A U
P Æ F O C S E N W L P R A F K
G C R K S P M V V B N B R F S
C T U E S S E R P U E Y R E E
P N O G W V L N Y P V L E L S
C Y E N T I L S L W N W V Z S
M M K O K S A Z F N E O O F R
K I O K M P E D V Z W U K D O
```

OVERRASKET
OPPNEVNE
PRESSE
BORT
FREMTIDEN
GAFFEL
PÆRE
MYNT
KOLONNE
PUBLISERING

SLITNE
FORBY
FJELLENE
KANINEN
ALLE
SMÅ
SANNSYNLIG
ANTA
SUKSESS
KONGE

Puzzle 53

```
S S O E T S R Ø B D E V O H L
T V E F N N Ø S W E A S E L O
U A B Q I O P F K R L V S A R
B R X J O P I E A A E O N H R
E T M M P S T V Y W F V R W Y
D C Q T K E Q D Ø E F N H G N
W O O M R R V Y E K R I S E N
T S T E P S X O I K L U B B E
C S V F G O E A R F I K K G V
I A Z R F P R Z E T H J F Z K
L L U E F P Å Y F N W I Z K X
Z X X D L C D G U N S T I G C
Y O Y A O M L D Y K E H B O D
H D Q G Z I Y K Z A I U H T C
```

WEASEL	LAVERE
LORRY	LASSO
RESPONS	VAR
SØN	RÅD
POINT	HOVEDBØRSTE
TUBE	GUNSTIG
FREDAG	FIKK
KLUBB	SOPP
SVART	FISK
KRISEN	FERIEØYA

Puzzle 54

```
C  S  U  Y  E  B  T  E  R  T  A  L  K  A  Y
K  U  O  D  E  T  E  T  E  R  A  L  K  V  A
S  R  E  V  A  T  S  R  A  V  S  N  A  V  F
S  T  H  T  Q  S  O  E  T  S  E  Y  Ø  H  U
E  O  P  M  G  T  D  R  F  P  N  X  K  M  K
S  P  R  C  N  H  T  A  S  S  E  A  O  A  T
O  W  J  O  I  O  B  V  X  Q  D  U  M  K  I
R  E  K  P  N  P  Q  Å  L  J  E  G  I  A  G
P  O  O  E  N  P  Y  R  K  R  J  F  T  D  H
D  N  K  H  I  E  L  L  O  R  K  U  E  E  E
Y  N  F  B  V  R  M  K  Y  E  S  R  E  M  T
C  R  T  C  T  G  U  F  Y  D  E  A  N  I  B
D  C  X  R  U  B  S  S  O  G  B  L  O  S  O
F  A  R  G  E  L  E  P  M  E  S  K  E  K  E
```

AKADEMISK	ROLLE
UTVINNING	KOMITEEN
STAVER	ANSVAR
FARGE	HØYESTE
OPPTATT	EKSEMPEL
ANSATT	HOPPE
KONTORET	BESKJEDEN
MUSE	FUKTIGHET
AVKLARE	RÅVARER
PROSESS	KLATRE

Puzzle 55

```
Q B O Q N K P U R E L I M S U
V M L I B Y M E O E L C Z D S
Z O A A L F T F F G U I G F Y
E B Y I N K R O F C N F V W N
R L Z G Y D E R E L F U U T L
E I L R F B I M R S M J P T I
R K F A U Q E N T R E N E R G
E V S E F S S O G K I R K E N
P L U K T R U A V H E N G I G
O X K J K F O E J W N N K D G
C N Y I E J U F N N T A S V Q
T E L E S K O P P V L R H M J
B D I C V K J O A R Q B F C G
H V O R F O R O M E T S E B J
```

SEIER
OFFER
KIRKEN
HVORFOR
FORFALLE
BRANN
FRYKTER
SMILER
BESTEMOR
BLI

BLANDING
OPERERE
ORK
NULL
UAVHENGIG
USYNLIG
LUKT
TELESKOP
FLERE
TRENER

Puzzle 56

```
H E H C H F J G D W O M E S A
M R U T E R E M O S P C U W P
P A B E J U E U X K E T S I V
F V K J X C Q N R K N A W O P
L S N T K B H A X Y N R T A V
Y R Y W E B M L F T I E B N J
E O L R K L A P Z W E P F M X
T F M Y L M H S A J S S K A M
A F R I X P F D E P B E N Y W
O F V G N P Y I T B J D Z M L
G X N R J A N T P I A K M S A
H Ø Y Ø T K R E V M X L Q E N
I M S S T A N D A R D I L I U
U N D E R S Ø K E K E L D L H
```

VILLMARK	HØY
MAKT	BASEBALL
DESPERAT	MER
RETUR	VERKTØY
TIDSPLAN	FORSVARE
VISTE	SOM
FLYET	SYN
STANDARD	PENNIES
TYKK	SEIL
KAM	UNDERSØKE

Puzzle 57

```
F  F  O  T  S  J  L  K  R  L  K  Q  Y  M  C
A  A  O  M  J  H  C  R  R  E  G  A  H  J  O
S  U  T  L  E  X  J  M  B  V  Q  U  T  S  P
K  G  P  T  A  I  G  N  H  E  M  P  T  A  P
R  E  J  U  I  T  N  W  V  N  F  Y  X  R  N
A  R  D  L  A  G  T  W  H  D  R  Ø  S  K  Å
F  E  Y  O  R  A  D  E  H  E  A  J  Q  I  N
T  U  C  J  X  D  R  O  R  S  L  I  T  T  E
Z  R  Y  A  A  N  O  D  M  L  Z  I  B  P  P
X  T  R  L  X  A  J  U  T  T  I  B  F  W  P
S  S  T  W  E  M  V  K  Y  G  T  G  I  Q  O
U  N  R  D  M  X  Y  K  Z  E  Q  I  O  O  R
F  O  R  R  I  G  E  E  S  S  A  L  K  K  K
L  K  M  H  Y  F  G  H  C  G  T  U  O  P  U
```

FATTIGDOM	HAGE
KRAFT	OPPNÅ
MANDAG	SØR
STYRE	LEVENDE
KRASJ	JORD
KONSTRUERE	KROPPEN
LATTERLIG	STOFF
SLITTE	KLASSE
FRA	DUKKE
FORRIGE	LOJAL

Puzzle 58

```
H  J  A  W  P  N  T  R  W  P  S  E  S  R  G
T  O  M  M  E  G  S  A  V  E  Ø  W  Y  T  I
T  K  O  V  A  J  A  P  I  R  V  A  K  H  E
H  A  R  L  B  N  F  P  L  S  N  B  L  A  S
Q  W  E  C  Y  J  Z  O  L  I  I  K  U  Z  I
V  D  D  T  O  I  L  R  E  L  G  S  S  P  Z
Ø  O  A  N  A  N  B  T  P  L  S  I  K  R  E
A  X  L  O  R  L  Q  X  O  E  L  T  Y  E  Z
M  Z  B  J  Z  J  F  O  N  M  Y  N  E  G  N
C  O  L  L  E  G  E  S  N  V  T  E  E  L  X
G  A  N  S  K  E  R  K  I  J  T  D  T  E  B
S  H  B  O  R  O  F  T  N  N  E  I  L  V  B
D  E  Z  F  M  E  A  J  H  A  B  I  T  A  T
N  Z  Z  A  S  T  E  A  R  I  N  L  Y  S  W
```

VELGER	IDENTISK
AMORS	HABITAT
ØDELAGT	LYTTE
VILLE	SØVNIG
COLLEGE	STEARINLYS
RAPPORT	TOMME
PONNI	FAST
SYKLUS	BLADER
GANSKE	SIKRE
PERSILLE	FLATE

Puzzle 59

```
V  L  R  B  C  Q  A  R  O  F  R  J  I  S  B
U  M  E  Z  O  S  G  B  V  D  Q  I  U  R  E
R  E  D  H  T  G  A  L  B  B  W  U  T  F  V
O  W  S  E  S  N  E  T  S  E  N  K  D  E  E
D  E  P  R  K  R  U  N  D  E  N  R  Ø  M  G
H  P  G  P  O  I  W  O  C  J  M  I  D  D  E
E  G  E  N  L  D  B  S  R  U  J  T  D  J  L
R  L  S  L  E  L  X  J  N  Y  F  I  A  M  S
D  E  I  E  S  L  E  D  E  L  H  K  H  V  E
N  H  V  A  E  S  N  A  K  K  E  K  H  Q  G
U  C  E  W  K  O  D  D  K  Q  J  S  J  V  L
H  Q  B  B  K  Y  T  I  Ø  Y  Z  E  C  K  E
L  E  N  E  S  T  O  L  J  E  M  G  S  F  V
I  O  C  I  B  A  N  U  K  T  J  T  A  K  K
```

UTDØDD	SKOLESEKK
BEVEGELSE	NESTEN
LEDELSE	KJØKKEN
TAKK	MAI
TEPPE	BEVISE
VELGE	LENESTOL
RUNDEN	HELG
EGEN	SNAKKE
NABO	KRITIKK
LENGE	HUNDRE

Puzzle 60

```
E  T  T  E  R  S  P  Ø  R  S  E  L  L  G  D
L  E  B  R  S  P  Ø  K  E  L  S  E  K  A  O
L  D  U  E  Y  R  U  D  G  M  E  R  K  M  M
I  L  T  S  F  N  V  Q  Z  O  Q  F  I  L  I
P  O  R  I  Q  Q  V  G  I  R  S  N  D  E  N
H  H  E  R  N  V  L  F  N  S  R  O  R  P  E
W  R  K  O  S  J  V  O  L  O  T  J  O  V  R
U  O  A  T  S  A  J  M  K  M  W  S  F  I  E
M  F  N  U  R  S  I  Y  C  T  T  A  I  N  N
N  V  T  A  I  L  E  N  Y  E  Q  U  G  T  D
Z  A  T  M  R  W  T  T  N  W  Y  T  U  E  E
M  M  R  D  E  L  F  I  N  S  D  I  R  R  G
T  E  T  I  R  O  T  U  A  O  J  S  W  E  S
P  T  A  N  N  B  Ø  R  S  T  E  Ø  K  N  X
```

INNSJØ	TREKANT
VINTEREN	ETTERSPØRSEL
SITUASJON	FORDI
AUTORITET	AUTORISERE
SPØKELSE	PILLE
GAMLE	TANNBØRSTE
POSTEN	FIGUR
DELFIN	FORHOLDET
PERMISJON	DOMINERENDE
KREM	MORSOMT

Puzzle 61

```
R R X A G A X N U R E P L A S
A E T F O P M E T E L L Ø R K
K R S L E P C J M P E D K P L
N I Q S K A S G X X S A U N R
U E L Q U M P I M D H Q E O D
D S N D N R F V G Y I R D E J
L I X T E O S O I B G R E S S
V C L K D F J H R M C E T T X
Q Y G J Y D N E N E U W T K P
A R B F L H F B U J S N Å R J
E L E K T R I S K H F L T L I
E L E M E N T Æ R T K S Å W H
B Ø R K E N E N J K U X I R B
B I O L O G I I A R V Q M N D
```

OFTE
FORM
IGJEN
KILDE
TEMPO
RESSURS
DUNK
ØRKENEN
KRØLLET
ELEKTRISK

FORESLÅR
LYDEN
PELS
BEHOV
BIOLOGI
ELEMENTÆR
SAKS
GRESS
ÅTTE
HJEMBY

Puzzle 62

```
F  P  T  Ø  S  S  F  Å  I  G  E  X  E  M  W
H  R  E  R  E  R  T  S  N  O  M  E  D  O  K
E  E  Q  V  Y  S  L  I  I  P  O  S  L  R  V
R  S  P  K  P  G  M  V  P  P  K  N  O  A  I
E  S  G  P  Z  R  T  A  R  M  A  E  H  L  N
H  E  O  B  Æ  R  B  A  R  E  M  R  E  S  N
A  T  E  R  A  V  Y  Q  F  A  E  G  N  K  E
R  E  R  E  D  U  L  K  N  I  L  H  N  Z  R
T  T  E  I  K  N  Q  Y  R  L  C  H  I  F  N
S  A  G  J  B  W  R  N  E  L  E  T  T  I  T
I  Q  I  C  R  Æ  B  S  L  E  K  K  I  T  S
D  T  V  A  J  I  J  Z  F  A  O  H  L  O  F
G  W  A  A  Q  C  D  X  B  Y  R  T  A  N  N
K  S  N  I  N  N  E  N  F  O  R  Y  H  Q  D
```

KVINNER	ARM
BÆRBARE	GRENSE
MORALSK	KAMEL
FICTION	PIN
OPPSTÅ	INNEHOLDE
DISTRAHERE	SØT
PRESSET	DEMONSTRERE
TRYGT	INNENFOR
STIKKELSBÆR	INKLUDERER
TITTELEN	NAVIGERE

Puzzle 63

```
T G M W S J T R O M M E L D O
E I U A V O F Ø V J B H P P K
R G S T A R W H W W S X P J O
M A E V R D G C F Y V F O F N
I N U M E B Q Z G N I K A B S
S T M V T Æ J L F N I V T A T
K I H B O R V R N V Y P A I A
E S I E V A N E D O S X D B N
B K G T F M G R T T X P C H T
E P Y A B P A R E T S M O L B
V S E L K W F X E E E O V P I
X G K E O G F X T R T J M A T
N Y H C D A S Y U J Ø X S W R
P U C D W L D X N A M X M K Q
```

MUSEUM
COWARD
VANE
OPPFINNE
TERMISKE
HØR
SVARET
JORDBÆR
VOTTER
KONSTANT

GIGANTISK
TROMMEL
MØTES
SJETTE
GAL
BAKING
VIN
BETALE
DATA
BLOMSTER

Puzzle 64

```
F  A  Z  S  M  R  R  Y  P  K  U  A  R  G  F
F  U  L  W  N  O  J  S  A  T  S  E  R  P  M
L  A  N  F  L  R  J  L  P  D  E  K  K  E  T
O  B  O  D  C  T  J  W  E  J  K  S  N  A  K
T  D  J  Z  A  O  C  M  G  Y  C  C  Z  W  S
T  F  S  V  Z  M  U  D  Ø  I  O  U  V  S  I
Ø  D  A  R  M  C  E  O  Y  F  Z  R  O  E  T
R  X  T  R  Å  V  S  N  E  C  Ø  O  K  L  I
H  I  S  S  D  X  Q  V  T  B  J  R  S  V  R
K  I  I  B  P  V  E  G  S  A  P  V  E  R  K
H  Ø  F  L  I  G  E  R  E  A  L  A  W  W  P
I  F  R  O  S  K  K  N  B  Q  G  N  I  X  A
M  U  S  K  A  T  Q  J  N  J  K  T  U  T  H
S  H  E  E  Y  W  J  V  J  K  N  K  Z  K  G
```

VÅRT	DUM
VANT	BØR
STASJON	DEKKET
MUSKAT	BESTE
KANSKJE	SELV
VENN	FUNDAMENTAL
PRESTASJON	KRITISK
FLOTTØR	FROSK
TROR	PAPEGØYE
HØFLIG	VOKSE

Puzzle 65

```
U F R I D P T G E Y D M T G E
H R B O V U A U F Q U O V R S
V C F H C O K T R E W R V U P
O P M B W Z I T H G D Z A N I
V O K S N E K A T N N U R N S
N Ø D V E N D I G E V O E L E
C F E X G Q M P R H X E N E P
B Y D M A A N S A H D P N G D
S G U C G E N R J F D P I G Y
H V I N D K A S T A E T V E W
A J W Y U S J Ø J G M W S N S
R Å K L I V H L U A R P R D E
V C L Y A O T A K T E K O E N
F Ø T T E R B L R L D N F G B
```

SJAMPO	KULL
VINDKAST	FORSVINNER
SPISE	ERT
UNNTAK	VILKÅR
HENGE	VOKSNE
NØDVENDIG	MOR
FØTTER	NED
TAKT	SJØ
GRUNNLEGGENDE	TAK
GUTTA	DERMED

Puzzle 66

```
S G V S B J B R L B C E S Å G
O I I A D F T E N G E Z E V L
G D N A L N E K A F O S G D C
U G K T E P Y I S B D G F U T
I K Y I V J K N A Z V H K K L
R H S B K E S A F R R U S H C
M A R I I B O K O E G I N E B
P M O B P G V E R A T R U N K
I P L L Z O F M M K U F G I W
P Z F E N B R W Å S U X K Z A
I P M S C S E T L J I E H S N
Q F L V Y K F W C O Y T Q B J
G N I N D L Y K S N N U V K N
L S F H I K J P D W G C C B X
```

SKYET
PASIENT
VALP
FASAN
TRUNK
KNIV
BIT
LAND
RUSH
GÅS

MEKANIKER
FORMÅL
SEG
TROPISK
EGNET
ENIGE
REAKSJON
UNNSKYLDNING
FILM
KVELD

Puzzle 67

```
A  G  G  R  E  S  S  I  V  E  T  Y  K  S  A
B  R  F  E  N  B  A  N  K  K  U  N  N  E  V
R  E  V  D  Ø  Ø  G  L  E  G  D  E  A  G  H
A  F  N  I  H  R  O  L  I  G  B  R  U  S  A
N  E  D  S  U  B  B  F  T  G  D  Æ  Q  Y  N
N  R  T  H  Z  M  Ø  Z  A  P  U  L  D  X  D
M  E  Y  A  O  L  L  C  L  A  H  U  N  Z  L
A  R  D  X  T  D  G  O  N  R  S  K  R  G  I
N  E  A  T  A  L  E  S  J  R  X  R  C  J  N
N  R  W  I  M  O  E  F  V  C  J  I  F  Å  G
F  C  F  C  I  T  F  Y  R  R  P  S  G  X  F
G  A  S  V  T  S  F  P  G  V  N  N  S  Z  V
O  F  F  I  S  I  E  L  L  E  N  Y  T  G  A
Y  F  O  T  E  P  G  L  L  U  P  X  E  R  B
```

SKYTE	ROLIG
BANK	AGGRESSIVE
ESTIMAT	KUNNE
OFFISIELLE	NYE
BRUS	PISTOL
ØGLE	SIDER
AVHANDLING	UANSETT
BØLGE	BRANNMANN
UNNGÅ	SIRKULÆRE
REFERERER	HØNE

Puzzle 68

```
P K L H K W O O Z Z E T S R H
K L E H L I Y K X S R F H E U
K F X T F O T E N O A Q O Q L
I L D E R R E E J B E É W U R
R A S E N A B G Z T L R E S O
T N I N W E V N R E L E T I M
A G P K R A K I G D U M Q K O
G I K Æ C U F L Å N G U R K Y
X S V T Z N K M F A N N G E T
F X K Y V K Y A L L N T Y R P
Q G W D V K Ø S E B N E R H R
E M O S J O N E L L E R P E N
V L M C H A T M H D I L K T V
S A S T W L R H G C H R W W S
```

BANE	LANDET
SAMLING	EMOSJONELLE
VÆRE	MUNTER
BETY	AVGJORT
TRIKK	GULL
HULROM	FOTEN
SIKKERHET	SIGNAL
ILDER	BESØK
GELÉ	NÅL
KNEET	SHOWET

Puzzle 69

```
F O R S I K R E R P E N S E L
M Y S T E R I U M T N C J S A
I L L U S T R E R E F V A E R
M I L J Ø I C R K H H W K K R
B E J M F E C K K B V F T V A
F L H Y V R Z S I H A T E E N
L O Y F A G L L A R T N N G
U G F J B A N E B U R P C S E
F S H X K I K D E C K L O H R
F B G I J N Y N Y A S F S T E
Y G S J R P C I Ø S T R A N D
Q U E N T E N N K O L L A P S
M Q A R V R E G N I F I Y K L
V A L E N T I N E U D X J P K
```

ENTEN
ILLUSTRERE
PENSEL
FORSIKRER
FINGER
MYSTERIUM
LEDNING
FLUFFY
JAKTEN
ARRANGERE

SEKVENS
MILJØ
BLY
STRAND
VALENTINE
GREIT
ØYEBLIKK
BATCH
MUSIKALSK
KOLLAPS

Puzzle 70

```
N U U A E L A T T U F T T K R
A E G N U P N R F Q P U R I M
R G D A M I A C G R A S E K B
O E U E D Q N T Y X R E V S Z
F L H X N J A P Y X T N H L Y
L X M V E F S R O M I B P U F
E G O A U Z O S C A K E O R M
S T A R T E T R M P K I J E P
A E R U K M K M V N E N S V Z
P T K L L Z A T H R L O I P V
G R N O B M P B W P W T B S D
X A O S G E M J W A S O I X U
N K W A A R O T E K N I K K X
G O V O G N K H E N T G N I S
```

STIV
HVER
TUSENBEIN
TEKNIKK
UTTALE
NEDENFOR
MORS
ANANAS
KNOW
FORAN

PARTIKKEL
LEGE
SOLUR
KARTET
RIM
SKI
MAMMA
KOMPAKT
STARTET
LURE

Puzzle 71

```
A P E T A Y Y F O F D E L I X
E T E H M O S K R E M P P O F
L A Q I Q R K E K Ø S R O F N
S M N D E I T E K K Y L L E V
U O P N T T E G N E R T S N A
Z T N I E R D L C J I C P B G
P E L S W E O Z F E V S E F A
T O N S B C H K A N J E S U B
P A N Y T T E V M T L U I C M
T I L H Ø R E R I E X R F Q E
T I L S T A N D L R F J I Z T
D E L T A K E R I N C C K U Å
B K G I L E T R E M S C K I R
A D O P T E R E R I K E L I G
```

JENTER
ANSETTE
FORSØKE
OPPMERKSOMHET
ANSTRENGE
TILSTAND
ADOPTERE
SPESIFIKK
SMERTELIG
HODET

TILHØRER
POLITIKK
DELTAKER
FAMILIE
GRÅTE
TOMAT
TENNER
NYTTE
RIKELIG
VELLYKKET

Puzzle 72

```
H O E S G L F L Y R T C E E G
Æ W P P E N E R E Å Y D R V J
R Y H Q F V F T M T X A E R E
E N J W O A Z R N S H F V U T
N O K K A R T E R R T J Ø K N
S Y S B Y W J T O O Ø E R J I
H T B E R E G N E F M L P Ø N
E K W S T K Y O J H T L A P G
L U P A D M Q A P W G E S H W
D R Z F F N H R H U F T N U D
I F N Z H O A N C I M J O I D
G H U S E T B L V L M A N Y N
O V E R M J R A K N G F L P S
B P D N P F B M M N T J T N V
```

FLYR
PRØVER
GJETNING
OVER
KJØP
PENERE
HELDIG
TØMT
HUSET
ARTER

FJELLET
LANDSBY
VOKSTE
KURVE
HARE
FORSTÅR
HÆREN
FASE
BEREGNE
FRUKT

Puzzle 73

```
I  W  V  P  E  M  M  E  T  S  E  B  J  O  J
G  Y  S  K  L  Z  I  O  Y  N  Q  C  P  S  A
O  X  K  V  K  B  T  U  I  N  E  B  V  F  X
D  A  V  E  I  M  R  E  D  H  R  L  B  O  F
B  Q  Z  R  V  Y  E  T  E  V  H  Å  V  R  W
O  A  X  D  T  T  D  T  R  E  S  N  I  B  Y
D  P  I  T  U  A  I  F  S  C  X  E  P  E  T
F  Z  P  T  R  R  G  G  O  Y  O  K  B  R  R
M  B  F  D  S  R  E  K  K  I  S  Å  L  E  E
C  K  I  Ø  A  G  R  J  H  N  S  V  G  D  K
S  S  C  F  D  G  E  L  A  T  M  A  S  E  K
C  Q  L  H  I  T  E  V  A  H  B  Y  I  P  E
F  A  R  G  E  S  T  I  F  T  E  R  I  Z  J
Y  C  L  W  J  V  U  F  I  V  S  A  U  W  V
```

FØDT	VÅKEN
OPPDAGE	GOD
REDIGERE	FARGESTIFTER
INSERT	UTVIKLE
HAVET	BAKKE
VERDT	SYSTEM
BESTEMME	HVETE
BLÅ	FORBEREDE
DER	TREKKE
SAMTALE	SIKKER

Puzzle 74

```
U  R  I  D  T  B  O  F  R  W  E  I  Q  Ø  C
E  Æ  P  K  W  I  R  V  E  K  T  L  J  N  J
B  B  I  R  X  D  E  W  N  X  L  D  F  S  Z
O  L  L  E  U  R  T  Y  I  Q  E  S  O  K  Q
P  O  I  N  Y  A  S  Y  D  A  K  T  R  E  R
P  S  T  I  G  E  N  O  R  G  N  E  T  T  K
O  R  I  X  I  Y  O  X  A  H  E  D  R  J  F
L  C  L  T  L  B  M  Z  G  E  I  M  E  R  P
A  F  A  V  O  R  I  T  T  A  E  B  N  M  C
G  V  E  Q  O  Z  R  N  F  G  Å  X  G  Q  L
Q  I  M  D  A  M  T  Z  Z  T  P  Q  E  I  J
J  X  E  G  Y  Y  V  E  E  R  E  M  R  A  V
L  K  F  B  U  B  O  N  D  E  T  Ø  T  S  X
I  N  N  V  I  R  K  N  I  N  G  Q  K  R  A
```

PREMIE	ENKELTE
MONSTER	SOLBÆR
GARDINER	ILDSTED
BONDE	REN
BIDRA	BÅTEN
FORTRENGE	STIGE
SYNKE	FAVORITT
GALOPP	STØTE
INNVIRKNING	PLIKT
ØNSKET	VARMERE

Puzzle 75

```
V S G A L L G P U M K L S Q V
T V I I U T V I D E O N U D E
X E O K N P B S T J S Z M T G
N R N Y K G C X M H B S S R G
Å D B P S R E G A L Q A S O M
D R E Z N D A N U C R U I J A
D Y H X L G U V T T T P G L
T I L L A T E T N I B D S N E
D B R U K G N O Y N N A T E R
E R H J T P K D B N Q G A D I
M G K K N E P P O T N C K G X
S Y Q F O R N R K Q R F K A Y
P Å F Ø L G E N D E H O E N O
F O R S Y N I N G E R N T G L
```

NEDGANG	FORSYNINGER
UTVIDE	LAGER
TOPPEN	TAKKET
BRUK	TILLATE
GJORT	PÅFØLGENDE
KONTRAST	NOE
NÅDD	SVERD
VEGGMALERI	HJEM
BOK	SPISSMUS
TYNN	INGENTING

Puzzle 76

```
M U T K A F F V E P Y A A C R
E N N Y G E B L E O B W E E P
N Z N V K P A B L K J C T R D
N E S G X K Q U F W S S S E A
E D O I O L B R K V M T I R G
S E L L I P S S N A Z G L T G
K D S E R Ø F D H Z P A D S R
E L K K H L O A L Y B L R I Y
L O I S A J R G W Y Z P O N L
I H N N X K T O G L I P F I V
G E N A J O I S Z L Z O T M U
O B Z V R S D N W P K G K D L
I N T E R N A S J O N A L A N
L Z U T T R Y K K E L I G G F
```

MENNESKELIG   VANSKELIG
HAMSTER   ORDLISTE
LOKALE   FØR
ADMINISTRERE   FORTID
FAKTUM   LØP
BEHOLDE   BEGYNNE
SPILLE   UTTRYKKELIG
VEKST   INTERNASJONAL
DAGGRY   OPPLAGT
SOLSKINN   BURSDAG

Puzzle 77

```
L  B  W  E  A  T  C  N  Y  L  Y  E  G  H  M
C  A  H  N  L  V  R  Å  I  T  O  G  H  E  U
I  S  P  D  L  F  V  A  G  E  K  N  K  Y  Y
N  K  A  O  E  T  U  I  K  P  I  T  O  V  R
T  E  C  H  I  C  K  L  S  T  A  B  K  Q  N
R  T  E  E  S  G  N  K  O  E  A  Z  A  U  M
O  B  D  P  E  O  R  B  N  R  R  T  N  G  P
D  A  A  S  P  T  E  Z  N  Æ  N  A  Q  Q  Z
U  L  T  S  S  N  L  M  W  B  S  V  Æ  R  T
S  L  C  F  M  B  L  U  E  B  E  L  L  F  U
E  E  Q  A  C  A  I  R  Z  Y  K  A  N  Å  R
R  Y  E  B  M  S  R  F  A  O  B  H  K  I  E
E  C  W  D  M  O  B  T  N  N  R  B  N  E  V
T  R  A  D  I  S  J  O  N  E  L  L  R  G  Ø
```

INTRODUSERE	BRILLER
BLUEBELL	SMART
AVVISER	SVÆRT
BASKETBALL	NÅR
TRAKTAT	HALV
TIÅR	TOG
TRADISJONELL	UTE
BRO	SPESIELL
CAP	CHICK
ØVER	BÆRE

Puzzle 78

```
E  K  K  U  L  P  C  Z  E  C  F  A  S  G  R
V  V  A  T  E  P  I  D  T  U  N  G  L  J  E
I  H  B  P  V  I  D  I  N  H  O  E  J  E  K
S  H  L  A  I  A  G  N  I  N  E  R  T  N  R
S  K  B  L  P  T  T  E  S  Y  E  E  V  T  E
T  A  B  L  Z  F  T  T  K  Y  N  H  T  A  A
E  F  I  E  L  C  L  E  K  K  I  T  R  A  S
Z  K  H  D  S  W  B  L  L  E  G  N  E  X  J
S  K  Y  O  X  U  I  V  Q  R  V  O  N  C  O
U  E  Y  M  R  O  Y  Q  Å  O  U  Z  G  T  N
H  R  S  K  O  E  N  G  J  T  I  W  E  B  S
X  T  K  T  I  T  H  I  D  K  H  O  R  A  H
O  P  P  F  Ø  R  E  R  G  A  Z  H  B  R  G
J  K  F  I  D  O  H  U  H  F  Z  O  K  M  S
```

TREKK	MODELL
REKREASJONS	ORM
OPPFØRER	PLUKKE
KAPITTEL	ARTIKKEL
FAKTOR	GJENTA
SKILPADDE	ENGEL
VISSTE	SKOEN
TUNG	TRENGER
HER	TRENING
GÅR	SINTE

Puzzle 79

```
K  Å  L  R  O  T  R  D  K  N  U  G  T  K  T
B  E  G  E  I  S  T  R  E  T  K  A  K  E  R
I  R  T  C  Q  B  L  C  Y  I  H  G  I  V  A
N  E  B  T  I  G  B  Ø  B  U  U  O  L  W  V
S  M  E  X  E  Z  T  P  S  B  B  M  F  E  E
T  M  X  I  E  S  K  R  E  N  P  Å  N  R  L
I  U  F  A  R  K  Q  N  L  F  I  P  O  E  T
T  S  P  O  R  T  R  E  T  T  L  N  K  D  W
U  P  P  S  I  I  S  F  L  J  S  V  G  L  Q
S  P  I  G  T  H  Y  P  P  I  G  E  X  E  O
J  O  O  I  S  W  H  R  U  D  A  R  D  J  N
O  X  E  A  M  A  K  I  N  G  W  K  Q  G  B
N  K  O  L  L  I  D  E  R  E  R  A  X  Q  N
J  P  Z  Z  P  F  G  O  D  R  G  V  W  W  R
```

INSTITUSJON	KONFLIKT
BEGEISTRET	HAT
OPPSUMMERE	HIT
SETTE	ÅPNER
KOLLIDERER	STIRRE
GJELDER	KÅLROT
HYPPIGE	TRAVELT
BYE	PORTRETT
LØSNINGEN	MAKING
VAKRE	SLIP

Puzzle 80

```
S  E  J  S  N  A  R  O  V  E  R  A  L  T  P
T  D  D  S  D  A  B  W  L  Z  N  W  K  W  R
U  Y  D  A  L  A  N  T  G  E  R  O  A  Q  I
D  R  A  G  A  Q  N  P  I  K  I  G  R  P  M
I  E  I  L  M  E  S  Y  L  A  N  A  A  G  Æ
E  K  Q  D  I  K  U  M  E  Z  E  U  K  Z  R
R  J  P  T  S  T  R  R  K  Z  Y  E  T  X  E
X  X  O  N  K  E  K  T  K  I  B  Y  E  S  P
O  V  U  E  A  Q  G  G  I  P  Ø  Y  R  N  S
K  D  E  M  M  E  L  G  K  T  T  S  U  H  I
G  Q  B  E  P  L  M  L  S  O  G  O  V  B  S
U  Z  V  L  J  L  U  R  M  D  N  W  P  U  T
Q  P  E  E  K  G  O  H  V  Q  X  Y  K  X  G
F  O  R  T  E  L  L  E  R  E  N  C  I  M  S
```

MAKSIMAL	DYR
GLEMME	ANALYSE
STØY	GUL
STUDIER	KID
KRUS	SKIKKELIG
BYEN	OVERALT
PRIMÆR	FORTELLEREN
KVOTIENT	KARAKTER
ORANSJE	PIZZA
ELEMENT	SIST

Puzzle 81

```
T I L S T Å E L S E N T D Q F
U T S E E N D E C N R E E E K
Z R R S K U D D A U O L P J Z
U F O O F N S T C H K E S U M
U Z M B O V I S S V E F I U F
H E L I K O P T E R Y O K Z U
S O L R I K Q W Y C Ø N V C N
B M X A P U L V E R F U N N K
H E E K S N V T O W A M L T S
Z L L D M F W S U S R Q O D J
C J U T L K T L J U B W M N O
W W X M E E Z X J S E Y M D N
K A L D T C M I I G I T T Y N
X U T E E K F S N T D F I S K
```

PULVERFUNN   EKORN
ARBEID   HELIKOPTER
TELEFON   ØYE
TANN   MEDLEMS
VISS   ROM
KARIBO   SUM
NYTTIG   UTSEENDE
BELTE   FUNKSJON
KALDT   SKUDD
SOLRIK   TILSTÅELSE

Puzzle 82

```
G  P  D  C  M  Q  D  A  M  M  E  N  G  C  R
E  R  A  T  O  M  I  S  K  O  Y  N  Q  S  U
N  E  H  H  V  F  N  U  D  D  K  R  S  X  K
E  S  U  H  A  G  E  Å  A  N  T  K  S  C  O
R  I  N  U  V  R  J  R  E  K  K  O  L  B
E  D  I  S  O  I  U  R  M  I  N  F  E  U  R
L  E  M  T  N  S  Y  T  M  E  L  L  O  M  E
L  N  S  N  B  T  T  M  E  G  A  N  G  E  N
E  T  K  E  C  T  T  E  R  M  Y  K  E  B  T
G  R  E  N  V  S  Z  B  S  L  M  Y  T  G  R
I  N  N  R  Ø  M  M  E  A  A  R  Ø  S  U  A
S  O  V  E  R  O  M  A  L  L  I  K  V  K  P
D  L  L  T  F  L  F  R  T  F  A  V  I  S  I
M  S  Q  Y  P  B  O  P  P  S  L  A  G  S  K
```

DAMMEN	SOVEROM
PARTNER	GREN
PRESIDENT	EIENDOM
BEKYMRET	NIVÅ
ATOMISK	LIK
GANGEN	SVØMMETUR
GENERELL	OPPSLAGS
BLOMST	SALT
BLOKKER	INNRØMME
MELLOM	STORE

Puzzle 83

```
M N O D R T F D Y Y W P C I M
B G A K N Y B L U S D O O Z O
U V P B T I F N T I Y S N U T
Z Z O V N N I D R A G I O L I
G D I L O V B G O D D T R Q V
Z Y D G E A R O F P Q I D K A
T T A X D M E D M P R V J E S
V R R T V P V B O B D E S C J
D M W I L I U I K V E L U K O
D X G G V R Q T Y Z E X G X N
Y D F E N E T S Ø H S K J U L
M K V R H W E X R H K E D U J
J U H R V E U S K A T T E N U
V I R K E L I G H E T G H W N
```

RADIO
HELSE
VIRKELIGHET
BREV
DRAGONFLY
KOMFORT
MOTIVASJON
HØSTEN
RØYK
NORD

POSITIVE
VOLE
SKJUL
GARDIN
ZOO
DAISY
VAMPIRE
SKATTEN
TIGER
GODBIT

Puzzle 84

```
F F T E T K U D O R P A S F T
G F C S R E G R O B S E K E E
E C T S A F I A N C X W R K T
A Y H E B R Z Y V K P O Å T N
O V T N L E C K L P S G N I E
R Q T S E S G I L U M U I N V
U S C I D I T R E C L T N G R
A T L E D A E K C L V T G Ø O
S X L L I B R S X Q Y J T Y F
F Ø U L M G K T U P Q K Q N X
K B K E U Q E Å Q A E I X I C
D X V E V X N L Z R P N E N W
Y D D B R R N X I F A R L I G
S V I N G J J D R A P O E L E
```

LEOPARD
DIREKTØR
STÅL
FARLIG
PAUSE
PRODUKTET
ESSENSIELLE
FORVENTET
SKRÅNING
GUTT

UMIDDELBART
DELTA
TRE
SVING
BORGER
MULIG
FRESIA
SKRIK
SØKER
FEKTING

Puzzle 85

```
K S I T K R A G T L E H K Q F
M B F P E K W T G B J Ø R N O
I Y V M E V I T I B P R J D R
N G X A L L V G L E T F C F K
D G Y A C Ø T J L S K E Q H O
R E N O J S A S I N A G R O R
E E N K L E Y R B A O I E Q T
T I G I T T I U R I C L G E
A M X C X B P M S R R E G O L
L U S Y R R B E P U A G U E S
L M X E F S E N K K N N F L E
H O L C G A B I U N E B L O D
T N S H B Q L H Y O C E Q L M
Y F U K M D C X T K S M P M T
```

TRIST
BLOD
FUGLER
GAUPE
GIKK
GITT
BYGGE
SCENARIO
ORGANISASJON
LITT

FORKORTELSE
KONKURRANSE
ARKTISK
HELT
MUMIE
BJØRN
ENKLE
BILLIG
SØLV
MINDRETALL

Puzzle 86

```
T  E  D  L  I  B  D  O  C  T  K  T  R  M  F
R  E  I  R  E  T  S  Y  M  L  L  Å  E  O  O
E  L  L  O  B  L  U  F  D  A  B  V  A  T  R
K  C  I  L  H  C  B  X  Y  T  Q  K  G  S  E
O  X  F  K  J  T  Z  C  S  G  B  I  E  T  S
K  S  B  X  C  R  Y  Y  H  Q  H  R  R  A  P
E  O  I  M  D  L  N  M  Y  Z  M  F  E  N  Ø
X  N  S  E  I  U  I  T  E  T  W  K  R  D  R
F  O  R  K  L  E  G  K  Z  J  S  Y  A  E  S
S  L  Z  C  E  F  B  W  A  H  E  W  R  R  E
P  F  U  P  U  T  F  A  L  L  S  C  I  F  L
Ø  W  Y  Z  P  S  K  A  R  P  O  Y  T  P  N
R  T  I  E  R  E  R  I  P  S  N  I  O  M  L
S  P  Ø  R  S  M  Å  L  R  Y  G  N  U  G  S
```

SPØR	BAD
BOLLE	BILDET
SPØRSMÅL	TYPE
MYSTERIER	SKARP
MOTSTANDER	UTFALL
SESONG	UNG
TELL	INSPIRERE
FORKLE	FORESPØRSEL
REAGERER	VÅT
ALT	KOKER

Puzzle 87

```
P E R S O N L I G A Z Z T E T
H S T A V E G M V N G X T F I
O U U T R E T T E Y D E P R L
R V S R Å A A I D W K R O E G
C P N K H L C K Z O A E S M A
V M C E E E O P L C V S I T N
W G R N T E T F W P S I S Q G
G S J U S T E R E P B F J N G
S K I W R U Y Y T M R I O W W
P Y T L Ø A L B T E A L N J A
X G Y L T I D J A D M A Y H M
I G L O S R O C K I U V U H K
P E P P I R T S R A J K C Z J
F I N N E R I N N S P I L L C
```

POSISJON
SVAK
FREM
INNSPILL
STRIPPE
FINNER
TILGANG
MEDIA
AVTALEN
SKYGGE

HUSKE
ROCK
STØRSTE
FLOKETE
HÅR
UTRETTE
STAVE
KVALIFISERE
JUSTERE
PERSONLIG

Puzzle 88

```
H  I  I  T  G  R  E  E  E  E  Y  S  L  K  A
A  N  P  S  E  L  L  A  K  O  T  U  Z  S  V
M  D  B  S  K  L  A  S  Y  E  W  X  N  A  I
B  U  V  O  K  I  H  D  M  J  X  E  Z  R  S
U  S  E  R  I  P  R  O  D  H  G  E  E  M  M
R  T  E  T  R  S  V  K  Y  A  X  T  L  C  E
G  R  P  E  V  D  M  I  D  G  A  O  L  O  R
E  I  U  V  J  C  K  S  N  L  H  Y  Y  S  K
R  E  L  Q  S  H  R  I  P  Q  T  O  H  Y  E
B  N  L  A  J  Å  I  R  P  T  N  C  I  K  L
J  B  Y  I  G  O  S  A  X  R  A  C  U  K  I
K  O  R  T  V  E  R  S  J  O  N  I  K  E  G
Q  N  B  V  E  J  N  V  L  U  C  G  H  L  E
X  A  N  L  D  M  I  J  R  V  D  E  G  G  J
```

COYOTE	GLAD
SPILL	AVISMERKELIGE
TROSS	KALLES
YDMYKE	HAMBURGER
RISIKO	SIR
HYLLE	TOK
RASK	PLATE
INDUSTRIEN	GÅRSDAGENS
VRIKKE	KORTVERSJON
SYKKEL	BRYLLUP

Puzzle 89

```
L P S A Q V A L   X S W C Y Y
E J T C D R Æ G E O G R A F I
N L L Z S V J R U G I B S N B
G O L L E N O J S E F O R P H
D S I N N E T K W O Y M Z R U
E P M W R B P L A S M N C J T
G O D T E R I O F T T L D G F
W M C X S P M F P K G E O W Ø
F P F O R D E L J E L S O Z R
O V E R S K U D D F O S A R E
M K C N U U X D R R H U S G I
F O R T S A T T R E N R J U R
T E M A E T U U Q P G T W M B
T O U C H E R S T A T N I N G
```

FOLK	UTFØRE
PERFEKT	LENGDE
MILL	TEMAET
TEORI	LAV
GODTERI	TRUSSEL
ADVOKAT	ERSTATNING
OVERSKUDD	TENNIS
FORDEL	VÆR
FORTSATT	TOUCH
GEOGRAFI	PROFESJONELL

Puzzle 90

```
V U P W N H E T P I R H Q A X
P T E X E A R T E Y Z D B B R
M S R K I R E G R A F E Y A G
E E S M C D T M E U E T R B G
N T O H O T U S S L I P S Y E
T T N E N Y K G N I L V E R G
A E N N D L S N M E M Y E L R
L O T N O R I I O A V J A L A
K Q B A R X D M I V R I G E R
W E B K E G T M V V A V W U E
Q B G E L S N Ø M O Y T P T S
K Y O T O S M V G L N R U R T
X Q K R P H P S D O K L M I E
E D F B O K H Y L L E I V V K
```

BABY
SLIPS
TEKANNE
KONE
HARDT
PERSON
GREVLING
VIRTUELL
IVRIGE
MYE

RARESTE
SVØMMING
CONDOR
FARGERIK
FROST
DISKUTERE
BOKHYLLE
UTSETT
VENSTRE
MENTAL

Puzzle 91

```
J  D  H  F  J  C  Q  W  B  C  G  I  D  O  M
N  Å  P  X  Ø  Y  N  E  A  I  T  E  N  K  E
P  R  R  K  K  E  O  W  L  B  K  V  E  W  R
F  L  H  U  B  A  V  E  Q  W  U  Ø  N  B  E
Q  I  B  L  B  C  S  L  E  M  E  L  G  F  T
A  G  Q  I  E  I  N  A  D  U  M  T  E  L  T
N  R  F  B  P  K  J  R  N  F  W  J  L  O  S
H  D  T  S  P  L  E  T  E  V  Ø  T  S  K  M
D  C  M  I  B  Y  H  N  V  M  B  U  K  K  Ø
F  E  H  L  K  Z  W  E  Y  Y  M  M  F  G  T
H  O  V  E  N  L  O  S  S  F  R  O  N  X  E
R  N  R  O  H  S  E  N  D  W  R  U  K  Z  T
S  P  I  S  S  E  R  R  H  O  Q  M  E  X  Z
Q  V  I  R  K  E  L  I  G  K  G  I  H  K  I
```

NESHORN   ØYNE
FLOKK   KUL
STØVETE   DÅRLIG
DUMT   ARTIKLER
RETTSMØTET   SENTRALE
TENKE   LØVE
KOMMER   HOVEN
SPISELIG   ENGELSK
SPISSER   SYVENDE
VIRKELIG   MODIG

Puzzle 92

```
G  S  F  N  D  V  O  G  Z  F  B  F  L  E  C
S  D  A  E  M  E  M  N  E  E  Q  P  P  K  A
W  G  K  T  R  S  J  F  T  V  H  L  O  S  A
M  H  G  R  A  S  E  J  D  E  E  A  T  P  O
W  M  H  O  V  A  K  Z  D  N  N  N  U  E  M
D  K  N  B  F  G  B  E  S  T  P  D  L  R  P
J  X  T  F  O  L  É  D  I  Y  A  B  L  I  V
I  I  K  O  Z  F  Y  M  V  R  Y  V  E  M  A
S  K  I  T  N  E  C  R  I  L  Z  O  R  E  O
E  D  I  K  R  B  T  A  L  I  T  X  F  N  V
F  G  Z  I  X  Ø  W  S  X  G  I  L  D  T  O
I  G  O  S  C  S  H  K  T  I  L  D  E  L  E
A  X  A  N  N  I  J  T  V  I  S  J  O  N  L
B  A  O  A  B  Y  G  N  I  N  G  E  N  L  G
```

SIVIL	BAY
VARM	PLAN
BORTE	FLY
TILDELE	EMNE
BYGNINGEN	VISJON
RASKT	EVENTYRLIG
GASSE	IDÉ
EKSPERIMENT	FERSKE
SKITNE	ANSIKT
TULLER	HØRT

Puzzle 93

```
K Q A J D C G C K J P Z A L D
K I A W O O D P T U W Q B B K
Q S R N V B Æ R B A R Z R W V
A N D U O J W I C N E N E C S
F T E R Æ V S A D R T L D F D
H U B H O G M E T A M B L A A
L T X I M P D N M B H Z U R K
K O N F E R A N S E E J K S I
R E L L I R B L O S I B S I T
L Y F O T B A L L U O A G W O
M T G L S F R Y S E J R A G K
W G L G E G A R D K O N Y O R
H T B Y F S O Q Y Z Q P O M A
R T D U M E D I U M J S V K N
```

FRYSE   SOLBRILLER
SKULDER   HEI
BARN   LUE
VÆRET   RYGG
SCENEN   MAT
MEDIUM   BARNA
KONFERANSE   FOTBALL
ARK   SKJE
DRAGE   FEST
NARKOTIKA   BÆRBAR

Puzzle 94

```
M X I N L M H M N G E A N C W
A D S P A Z Q E J S K A D R P
E V Ø R P Q L N E N E T N O F
R R V I Z X G S I V E B E O K
E Z R K G L U W Ø X N J T O N
U V U L X E F B R I T U S L P
L U Y A I S L F S W R Z E V L
A A F J D G I T G G O E R T Y
V R T N X N P A I S P N S M V
E E U I C E P L C U S E D C U
R O T L T F E E Q F K L M R U
P L Q M R J R U B L E A I C H
T X U T D A N N E T A L A S C
A T M E N G D E Y I P G I F T
```

POUNDS
RESTEN
MENS
LINJAL
TALE
AKSJE
SALAT
GIFT
FENGSEL
EKSPORT

ALENE
LAT
UTDANNET
MENGDE
EVALUERE
BEVIS
PRØVE
FONTENEN
SERIØS
FLIPPER

Puzzle 95

```
D T E K K U L P M B L W Q N H
M I N U T T E R O P O L B K F
J S I X E D S M R T M P N U Z
U T Y E K J E E G F J E R D E
F O G V K F P D E S S Q O N R
Z N J P A R E F N T K I W I K
Z H W D N E N Ø I R Y N A V N
F Y A T S M C L P A L A E W R
V Ø X V X G A E E F D H R I S
G H R T I A S L X F I W G J K
R Z T S X N E S W E G N X I H
Z Y G V T G D E P T A M R O F
P N C T K E J S O R P U T U E
G L Ø D E G N E H V A Q F H I
```

MORGEN
FJERDE
MINUTTER
FØRSTE
PENCASE
GLØDE
KIWI
VINDU
FORMAT
SNAKKET

SKYLDIG
STRAFFE
ANGIR
ESEL
PLUKKET
FREMGANG
AVHENGE
MEDFØLELSE
SYV
PROSJEKT

Puzzle 96

```
S A N D N B S I R J R I U Z K
I D I O E Y W I F A Q U N B R
R K U L T U R E L L E M P M I
I I G I T K I R R T F U A G S
T Y D A A J G X B S T C O H T
T T N G T K Ø L G X O Z X I T
Z T A F K T E B A O P F D C O
U I R E L L E S F U W Y Y C R
O N J B E T Y D E L I G E V N
C S P A S T I N A K K S I A M
U V F O R M E L T R E T O Y Y
T A K I L P U D H L K T V K N
I F B I L Z D U R A H P C W B
O F F E N T L I G E D E X L F
```

MAIS
DUPLIKAT
OTER
TATT
SJEKK
AKTIV
HAR
LESE
BETYDELIG
AVSNITT

LØK
KRISTTORN
RIKTIG
KULTURELLE
PASTINAKK
SAND
FORMELT
SELLERI
IRIS
OFFENTLIGE

Puzzle 97

```
Y  J  J  W  F  F  A  R  I  G  C  Q  R  G  W
F  J  X  F  Z  J  E  R  A  F  E  A  K  E  O
X  O  C  L  X  K  J  S  U  D  F  N  U  W  Z
F  T  C  G  A  B  S  A  V  W  O  L  T  N  Z
J  N  I  S  A  G  A  M  R  T  R  U  V  R  M
L  A  T  I  P  A  K  W  A  G  T  Y  I  B  Å
M  Ø  T  N  V  A  K  T  E  L  S  J  K  J  N
S  N  Å  V  Æ  R  E  N  D  E  A  O  L  S  E
M  E  N  T  Z  Q  L  K  L  H  T  W  I  E  N
X  M  A  C  L  T  Y  E  Q  D  A  I  N  T  B
I  N  W  A  B  M  O  U  F  S  K  V  G  N  N
D  Y  K  K  I  N  G  L  K  A  L  L  E  I  V
J  L  W  J  N  G  L  Q  V  K  O  P  Q  N  N
A  T  T  R  A  K  T  I  V  J  P  J  T  G  R
```

ATTRAKTIV	KALLE
MENT	GIRAFF
SETNING	KATASTROFE
DUSJ	MAGASIN
NOTAT	MÅNEN
SØTSAKER	FARE
UTVIKLING	ÅTTI
KAPITAL	DYKKING
NÅVÆRENDE	VAKTEL
TOLV	LEKKASJE

Puzzle 98

```
S  K  M  E  Z  O  G  H  Z  D  K  B  Q  B  O
I  A  P  J  D  W  L  P  L  D  A  A  R  L  K
T  X  E  G  L  Ø  F  R  O  F  M  K  Y  E  K
R  Q  K  A  U  T  K  E  Z  L  E  O  Y  K  U
O  Z  S  D  A  X  R  E  S  E  R  V  W  K  P
N  D  A  N  V  A  R  Y  T  U  A  E  L  S  E
O  N  M  Ø  P  N  H  Y  G  O  Y  R  L  P  R
S  Q  D  S  Z  B  N  E  W  N  I  E  B  R  E
F  O  L  K  L  O  R  E  W  Y  M  L  V  U  K
K  L  O  D  E  N  F  T  P  V  I  A  B  T  D
T  H  F  K  M  A  Y  S  R  D  W  P  L  I  M
D  P  Z  K  V  K  S  I  T  I  L  O  P  O  B
A  N  T  I  K  K  I  R  G  U  Z  X  R  N  S
V  I  Y  Q  D  J  F  Z  R  E  H  O  U  N  R
```

FOLD

OKKUPERE

BEIN

ANTIKK

KAMERA

BAKOVER

MORO

SØNDAG

RAVN

BIBLIOTEK

POLITISK

FOLKLORE

SITRON

LIM

BLEKKSPRUT

MASKE

KLODEN

FORFØLGE

SPARE

RISTE

Puzzle 99

```
W C X X M I O A Z K R F W S U
S E U W F J U H U A D D K K E
N U A R X H T E H G I T S A H
E Z C L Y T E L S E R C C P I
E X T L R F A N G S T T E J P
L K S A N N S Y N L I G V I S
E N A F N E T T S T E D E T B
N M L N J O R D E N L P G E U
D T H S E J N W S D E O G G K
I H Ø W O L U I I Y H J I L S
G N F F J K A I R P Q T L A E
B D T D F B K X K O D R N V R
Q Y T Y M R R E D I E B R A D
A E P S G W T E R E T O O C S
```

SANNSYNLIGVIS   ETT
SOKKER   KANEL
ELENDIG   VALGET
LIGGE   BUKSER
KRISE   NETTSTEDET
ARBEIDER   SCOOTER
YTELSE   HELE
TØFF   HASTIGHET
FANGST   FALL
JORDEN   SKAP

Puzzle 100

```
M P Å S G O H Q E D A V T M O
V U U G A W G D V V R B O U P
X L E E E N R E D O M V P L P
X L D B J R T L H B A T P T J
P I A N O O Q V O S Z R M I A
R Y N K E Q F T K I L U Ø P G
C J O H B H L E M I N T T L E
S P M Z K T R A K K P W E I T
G J E X H O E T R E J H T K C
Q C L D M P L L Y S T I G A F
X C T G N A L G H E Y R W S P
Y C T H Å T O V X O O Q B J L
X L X H G R B X H X A C P O M
E K Z A A I D T Y C U R U N N
```

OGSÅ
RYNKE
MULTIPLIKASJON
LYSTIG
GÅRD
LEMONADE
VASKEROM
BOLLER
PIANO
OPPJAGET

MEL
LANGT
PULL
MODERNE
SANT
TUR
ULIK
TOPPMØTET
HJERTE
TRAKK

Puzzle 1

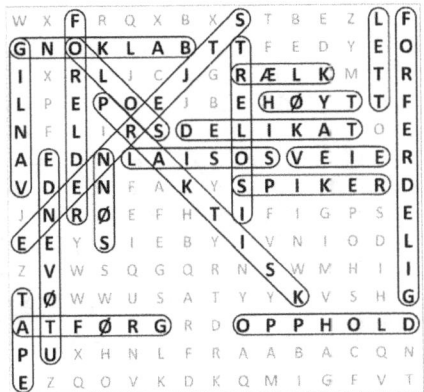

Puzzle 2

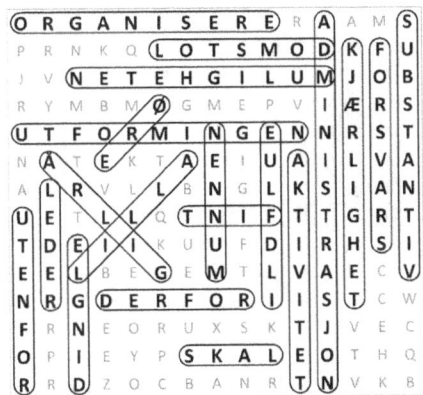

Puzzle 3

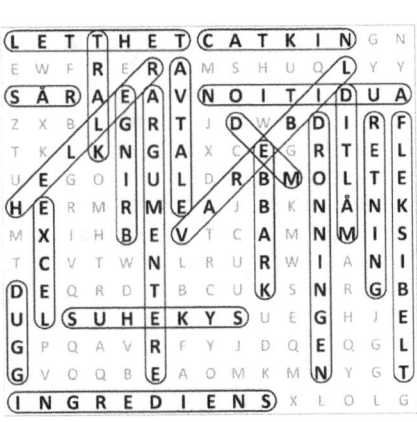

Puzzle 4

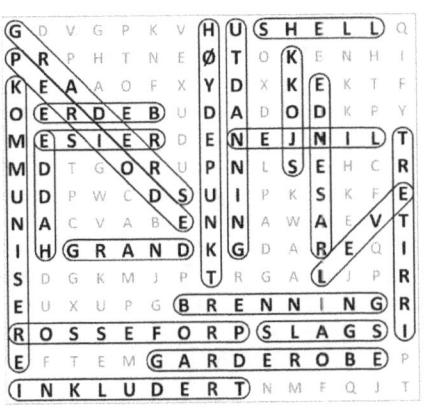

Puzzle 5

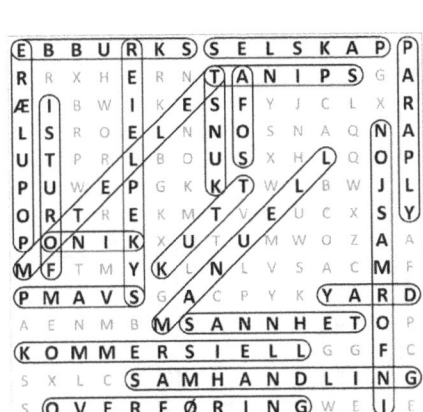

Puzzle 6

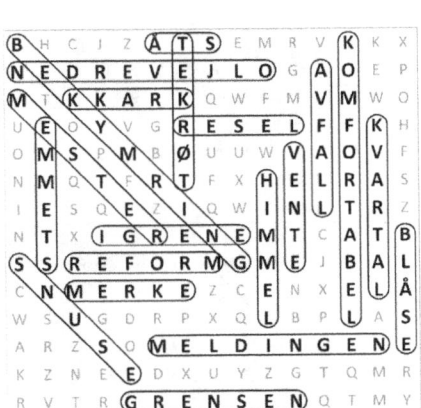

Puzzle 7

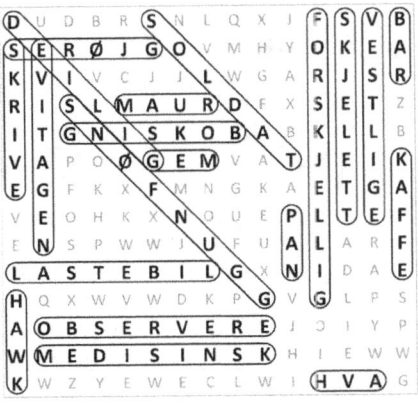

Puzzle 8

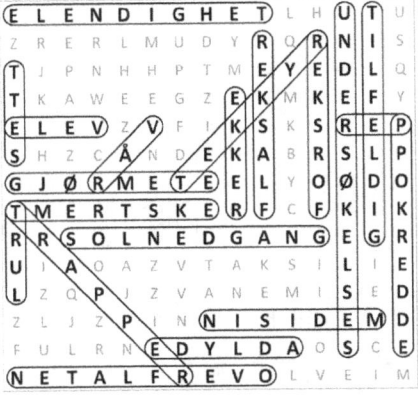

Puzzle 9

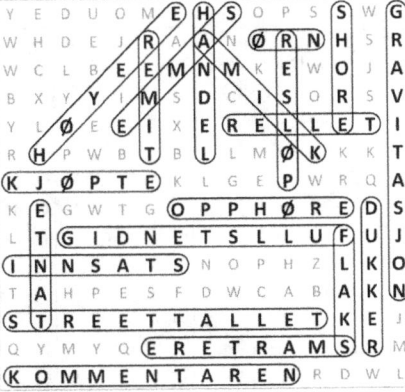

Puzzle 10

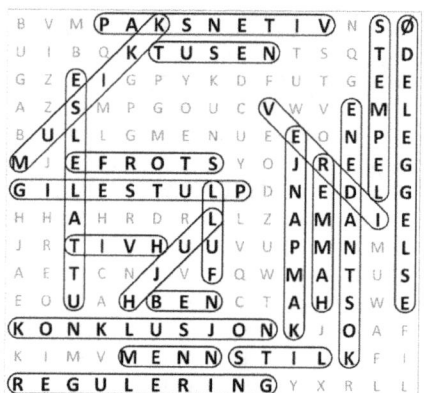

Puzzle 11

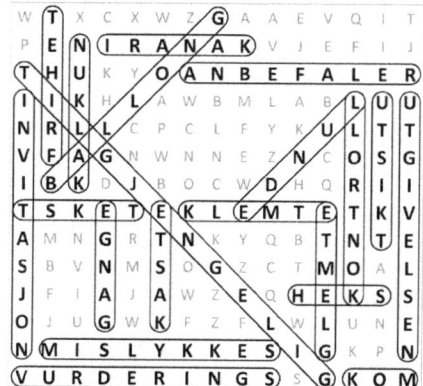

Puzzle 12

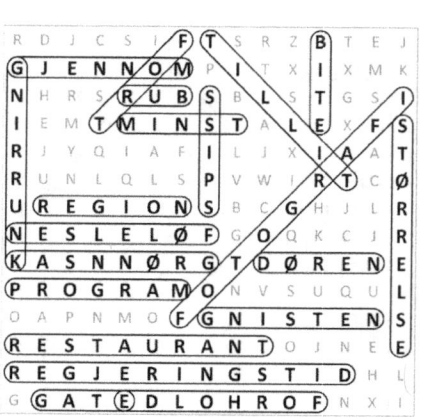

Puzzle 13

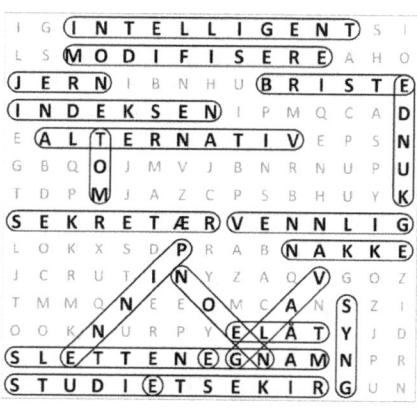

Puzzle 14

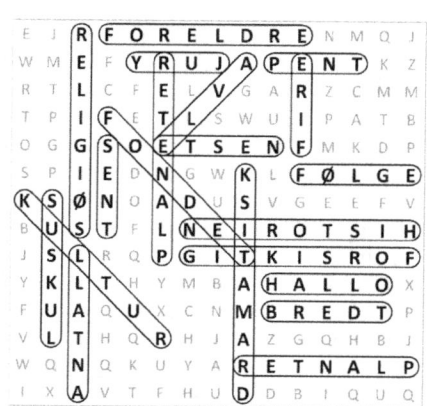

Puzzle 15

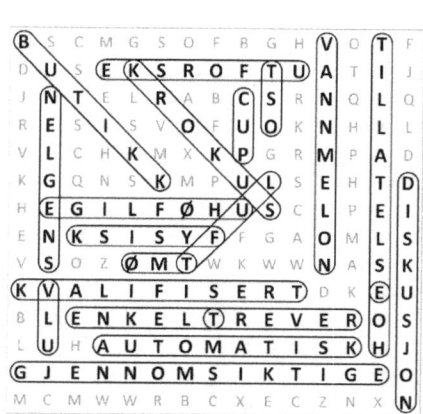

Puzzle 16

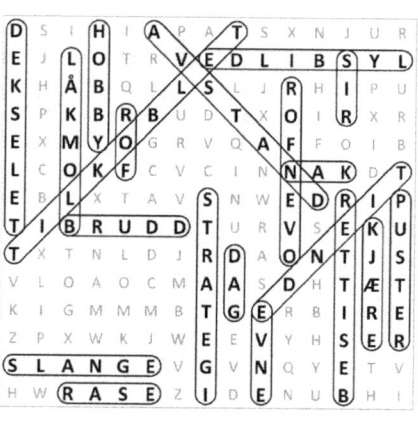

Puzzle 17

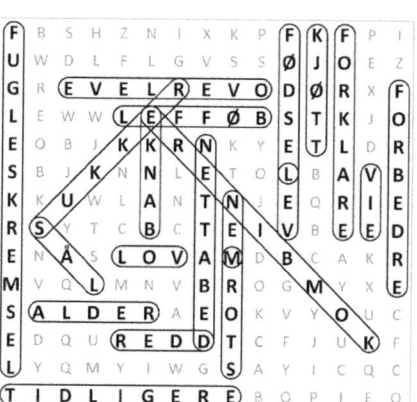

Puzzle 18

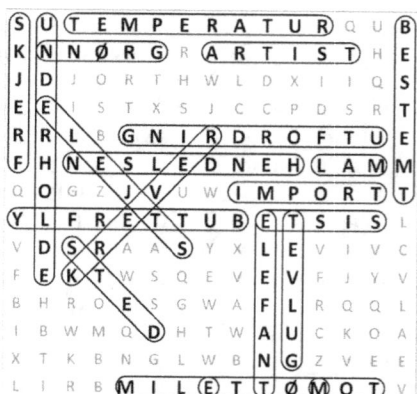

Puzzle 19

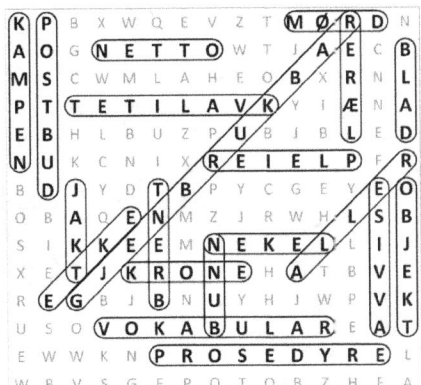

Puzzle 20

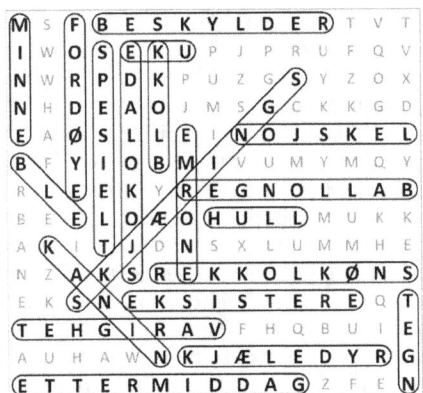

Puzzle 21

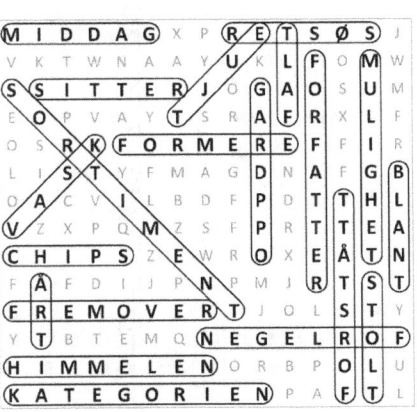

Puzzle 22

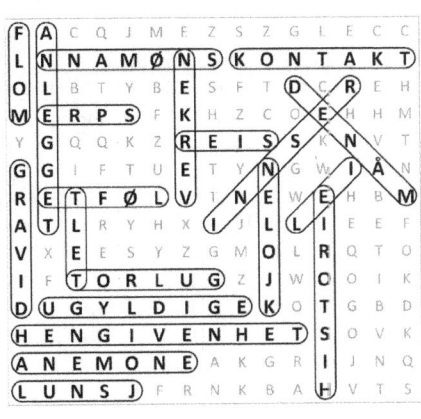

Puzzle 23

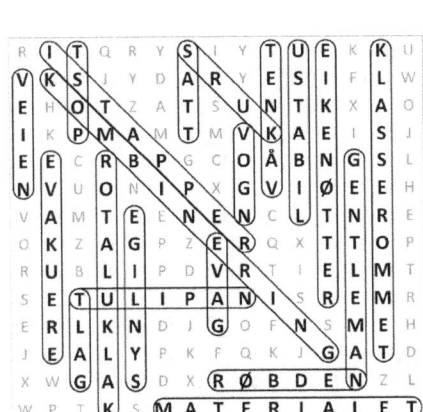

Puzzle 24

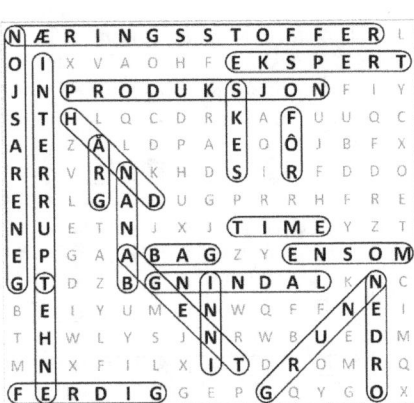

Puzzle 25

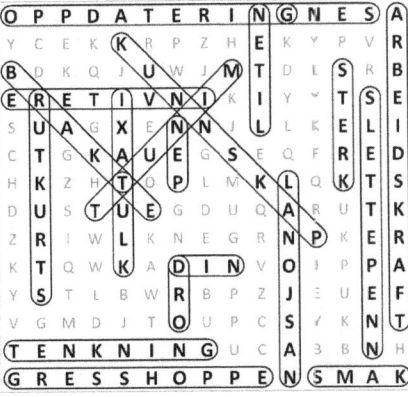

Puzzle 26

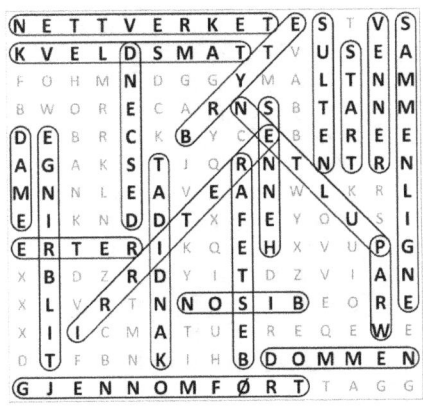

Puzzle 27

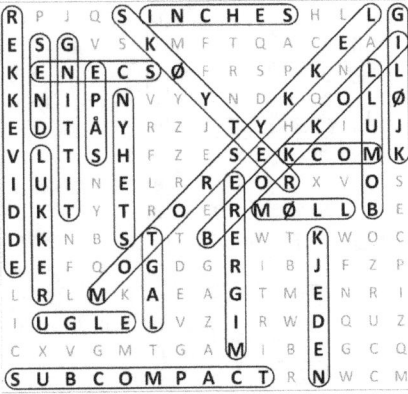

Puzzle 28

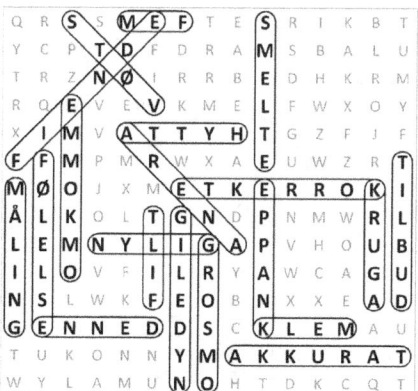

Puzzle 29

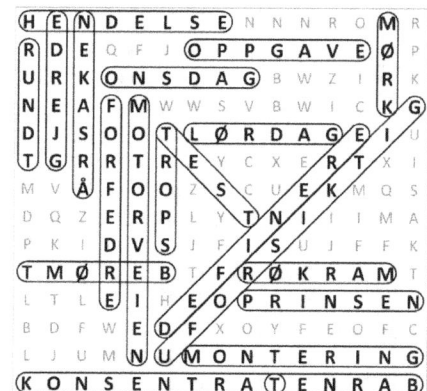

Puzzle 30

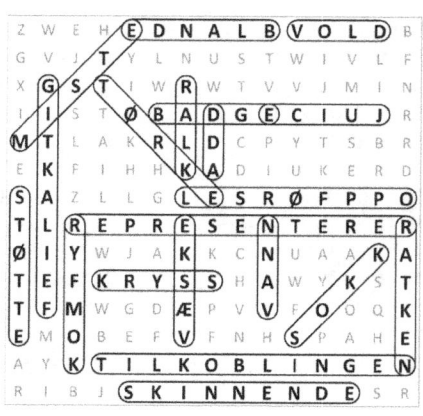

Puzzle 31

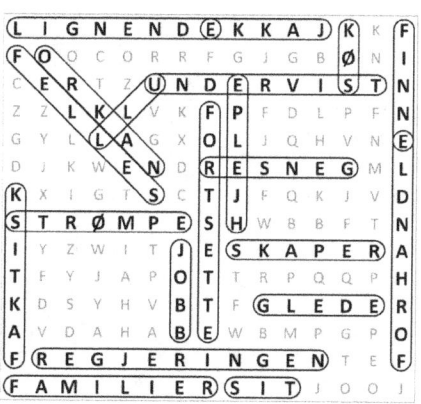

Puzzle 32

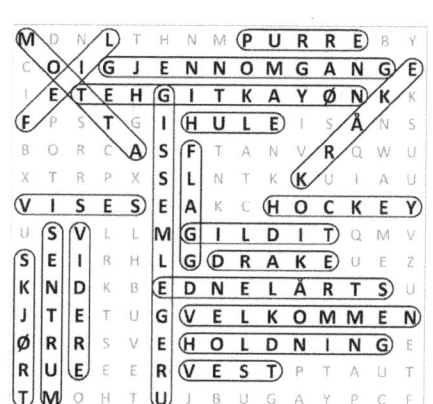

Puzzle 33

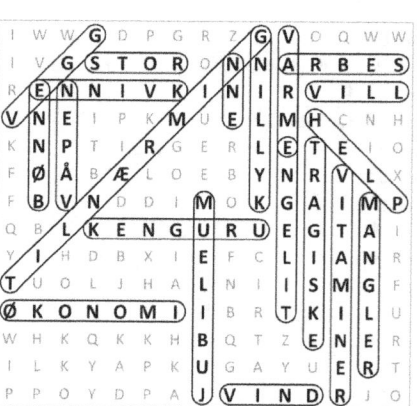

Puzzle 34

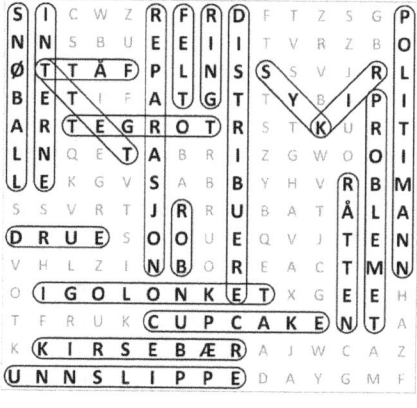

Puzzle 35

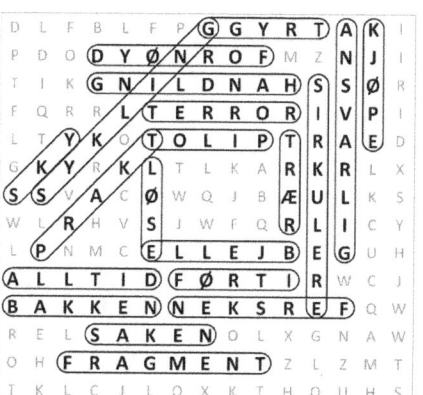

Puzzle 36

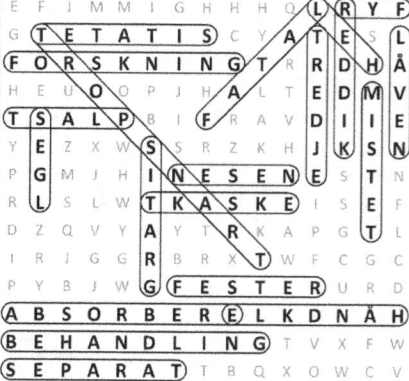

Puzzle 37

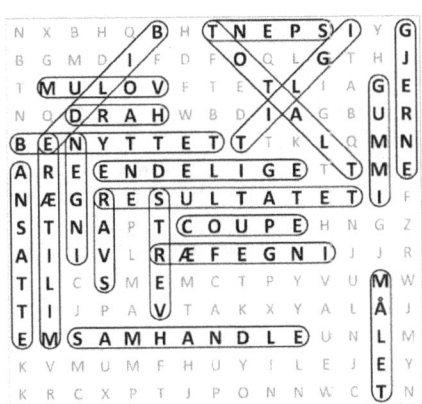

Puzzle 38

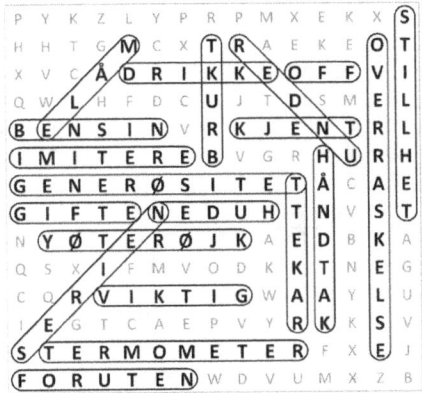

Puzzle 39

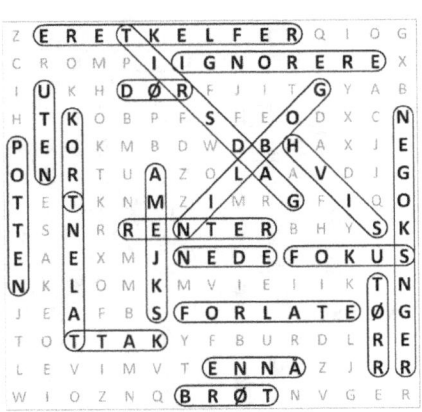

Puzzle 40

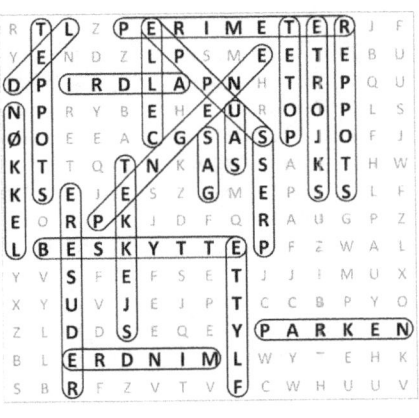

Puzzle 41

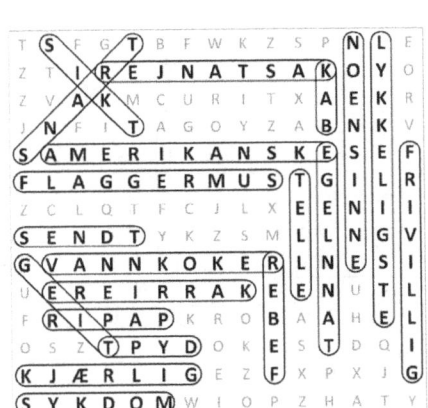

Puzzle 42

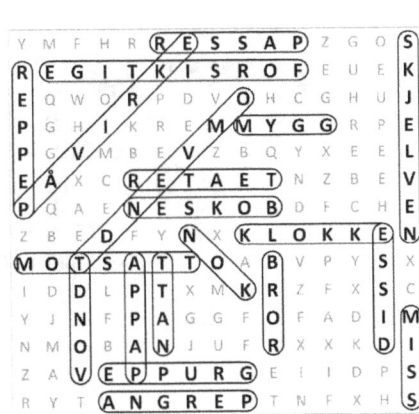

Puzzle 43

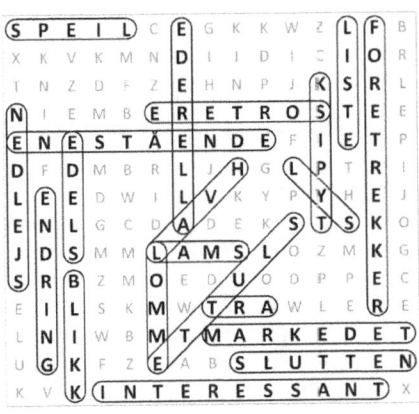

Puzzle 44

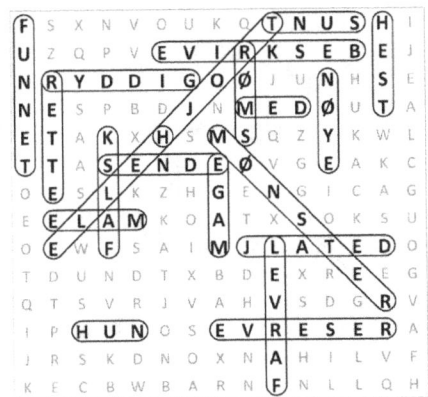

Puzzle 45

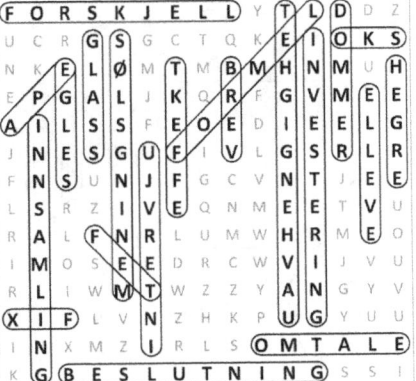

Puzzle 46

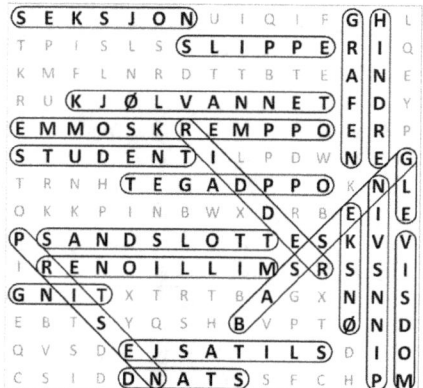

Puzzle 47

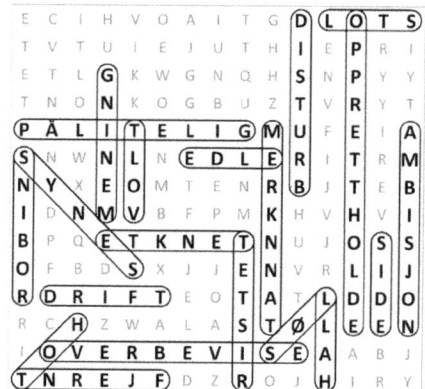

Puzzle 48

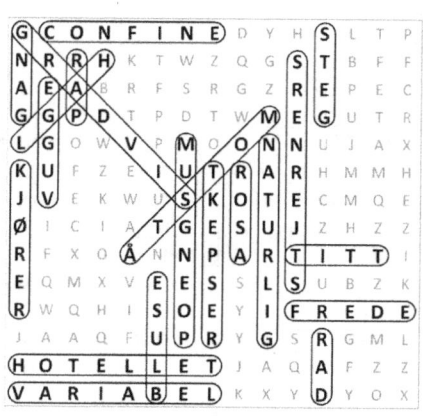

Puzzle 49

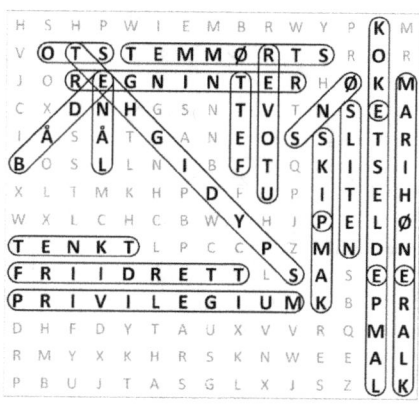

Puzzle 50

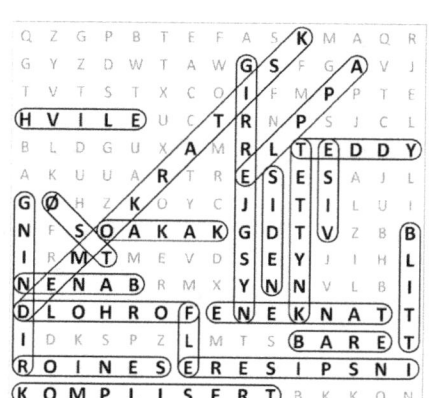

Puzzle 51

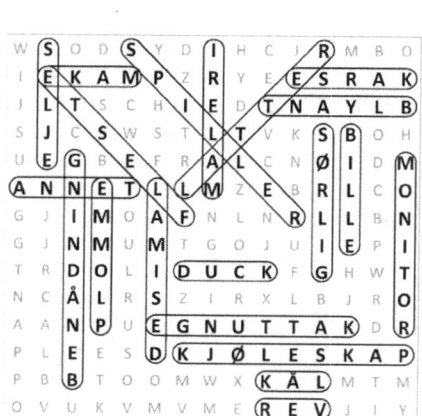

Puzzle 52

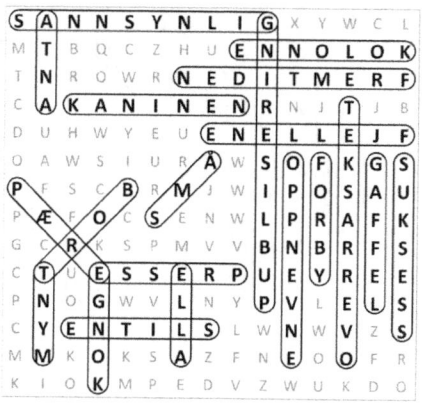

Puzzle 53

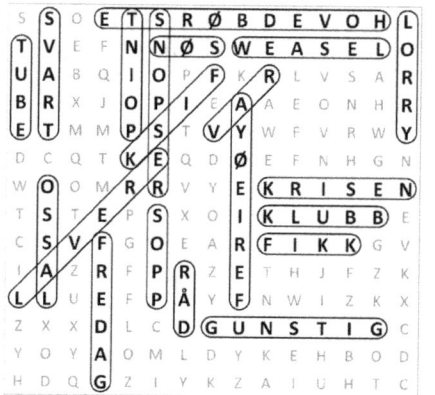

Puzzle 54

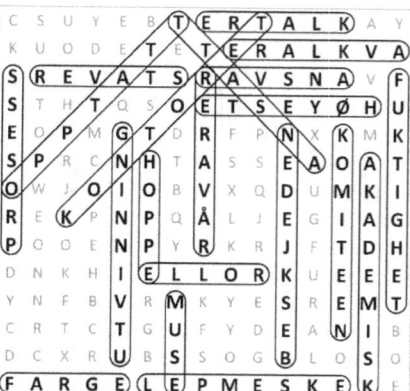

Puzzle 55

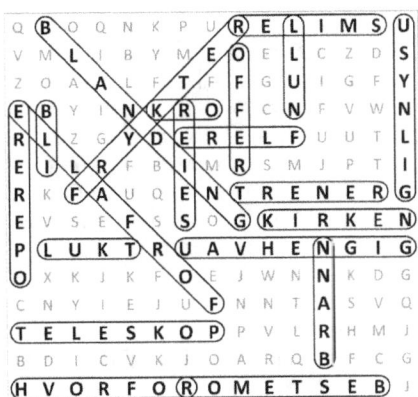

Puzzle 56

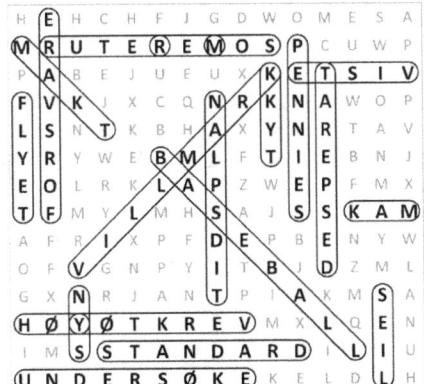

Puzzle 57

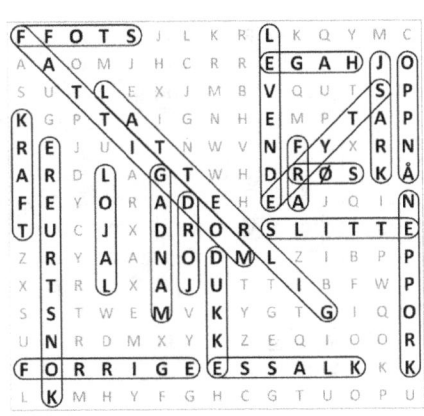

Puzzle 58

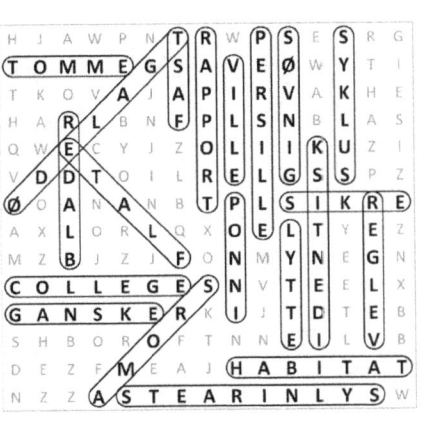

Puzzle 59

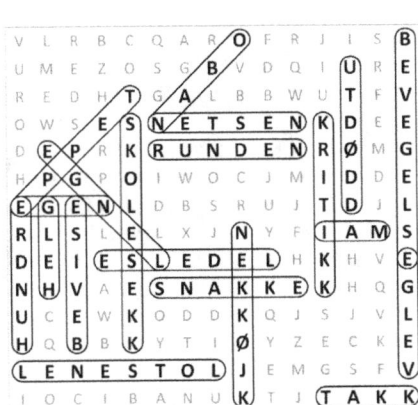

Puzzle 60

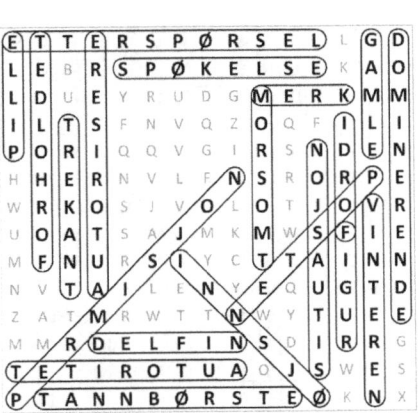

Puzzle 61

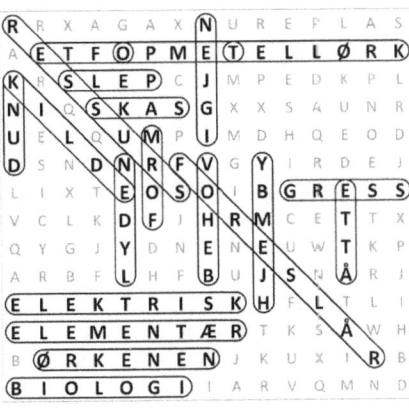

Puzzle 62

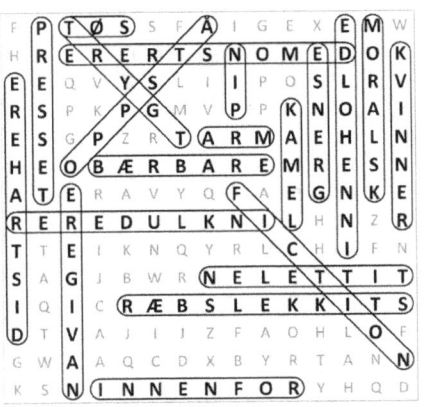

Puzzle 63

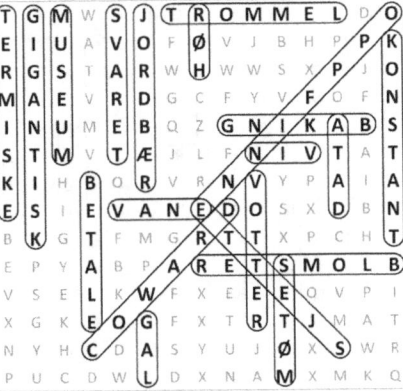

Puzzle 64

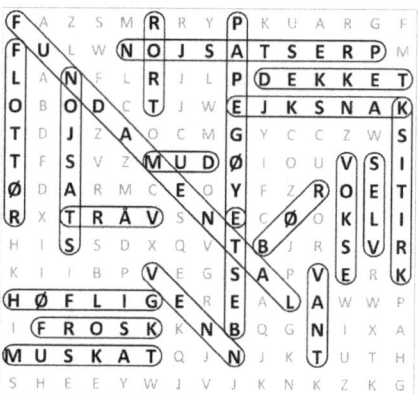

Puzzle 65

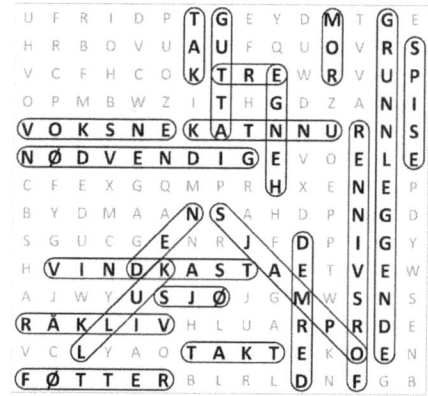

Puzzle 66

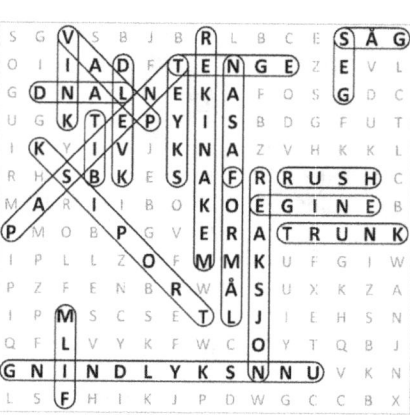

Puzzle 67

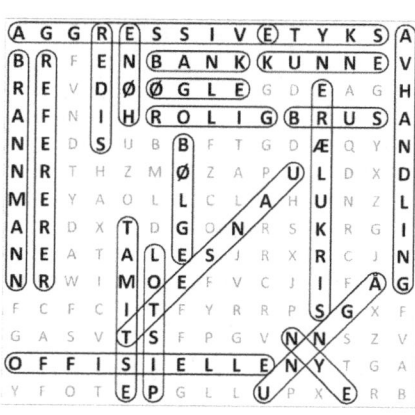

Puzzle 68

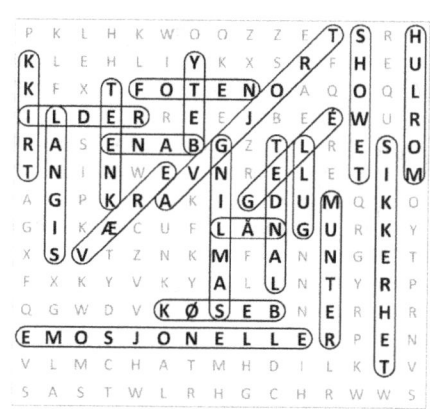

Puzzle 69

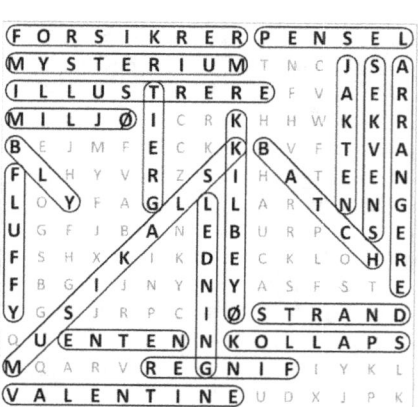

Puzzle 70

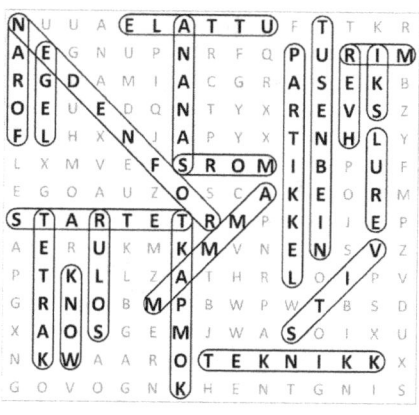

Puzzle 71

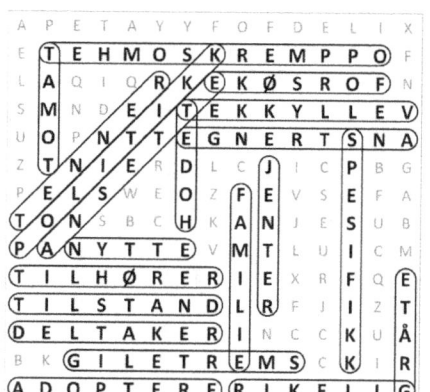

Puzzle 72

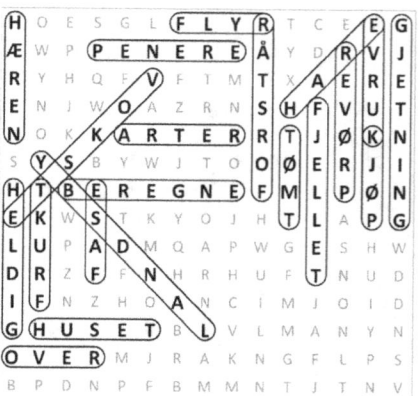

Puzzle 73

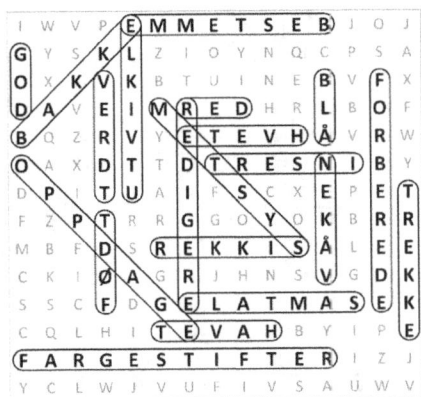

Puzzle 74

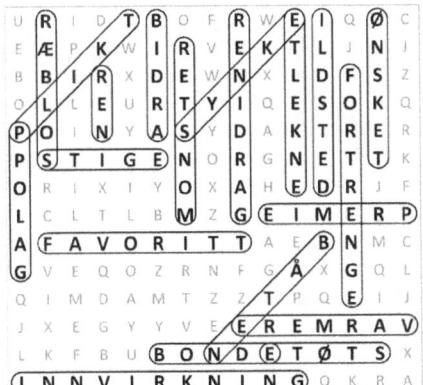

Puzzle 75

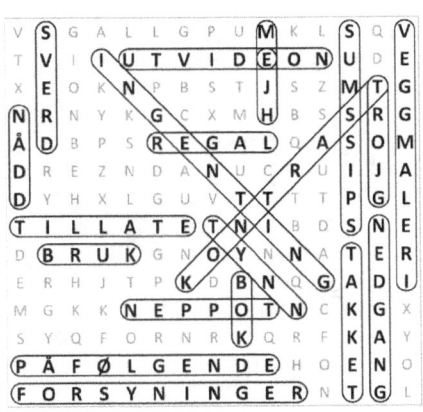

Puzzle 76

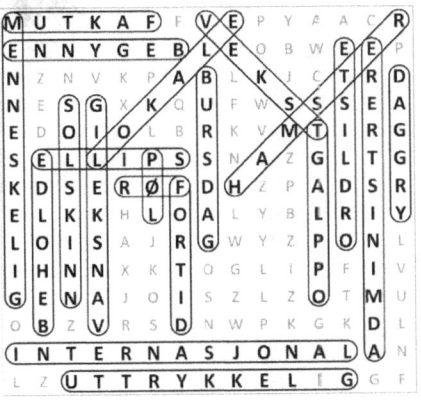

Puzzle 77

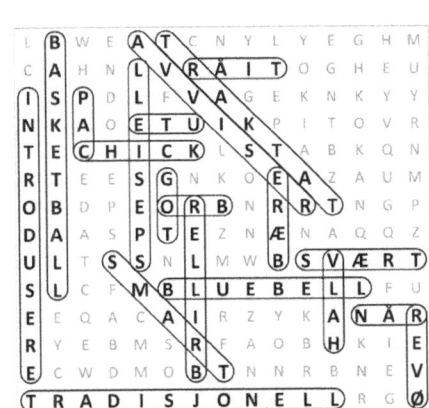

Puzzle 78

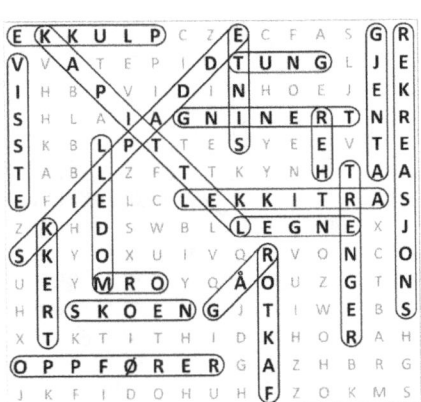

Puzzle 79

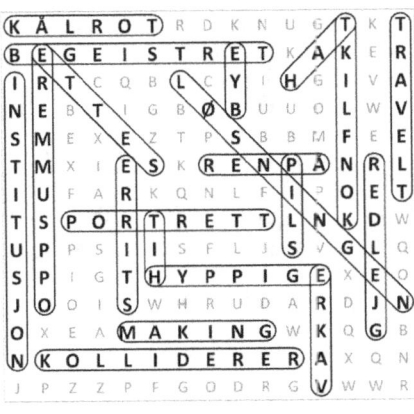

Puzzle 80

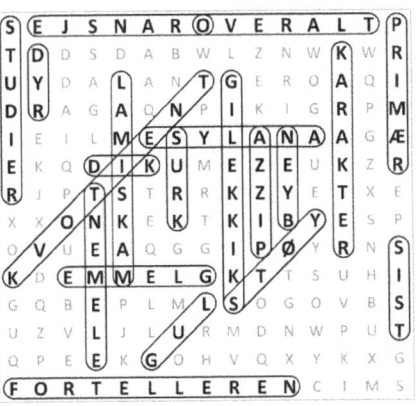

Puzzle 81

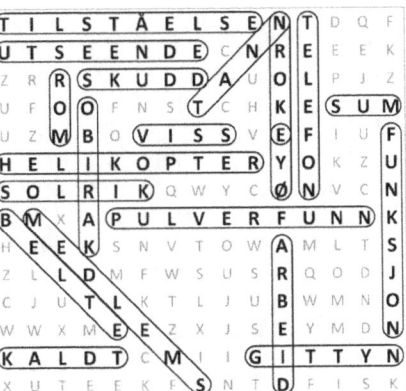

Puzzle 82

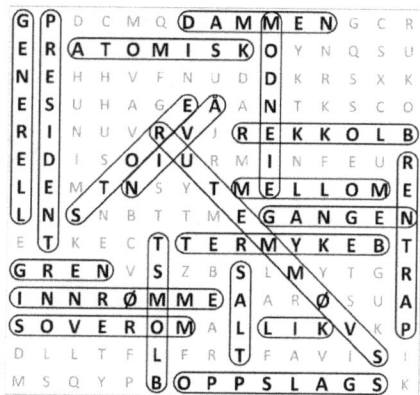

Puzzle 83

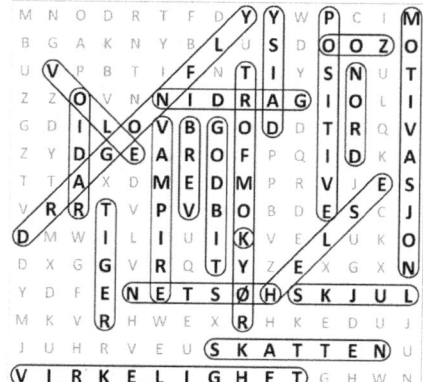

Puzzle 84

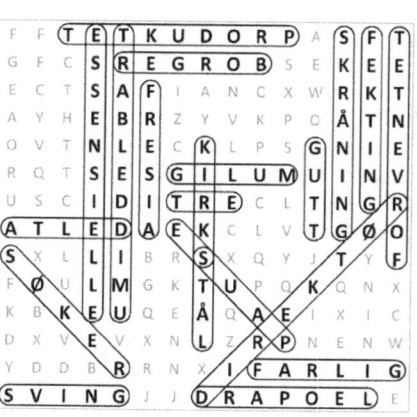

Puzzle 85

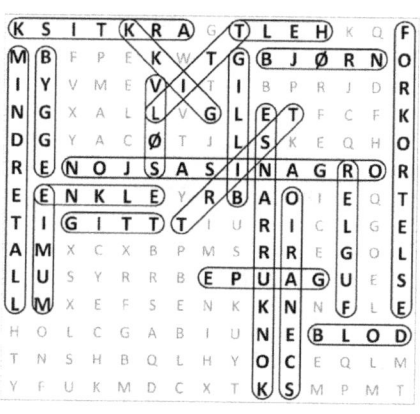

Puzzle 86

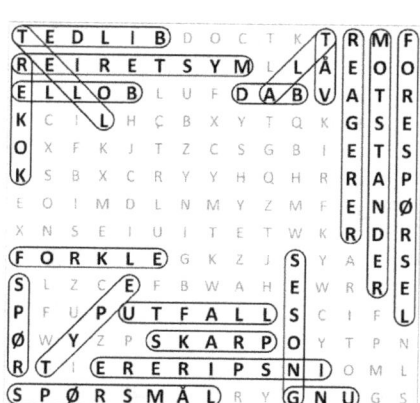

Puzzle 87

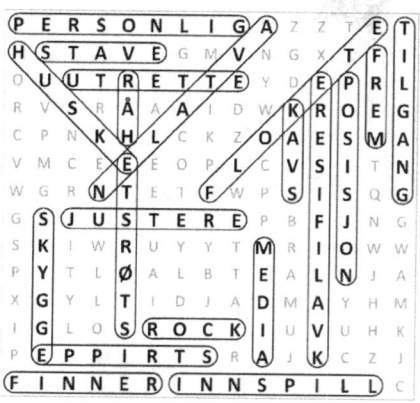

Puzzle 88

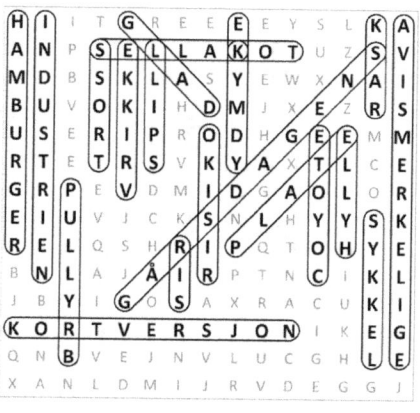

Puzzle 89

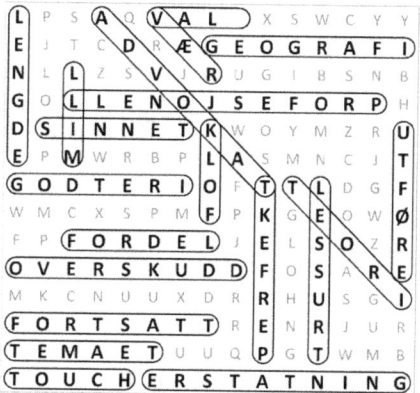

Puzzle 90

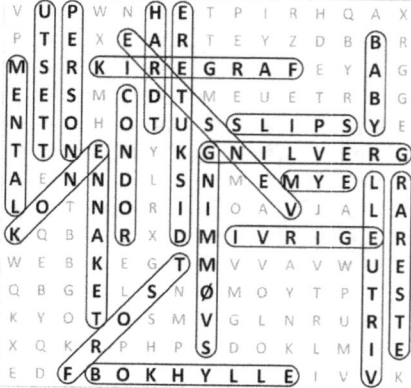

Puzzle 91

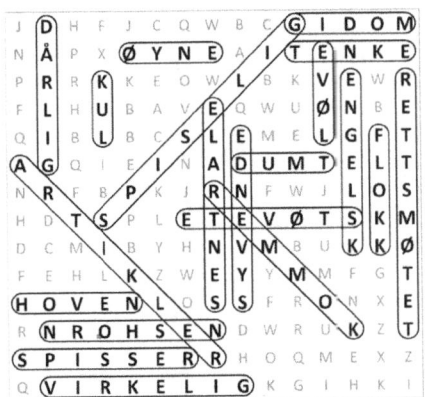

Puzzle 92

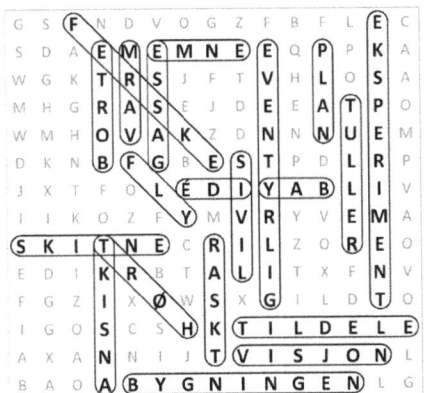

Puzzle 93

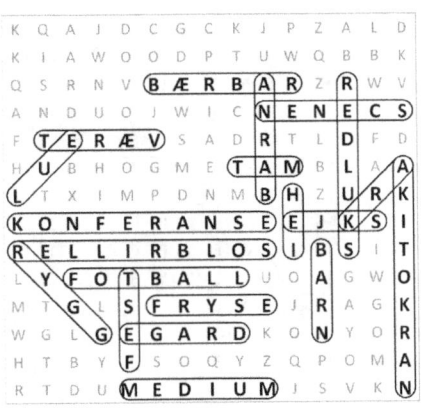

Puzzle 94

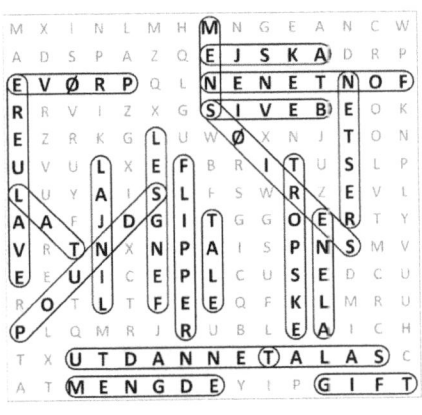

Puzzle 95

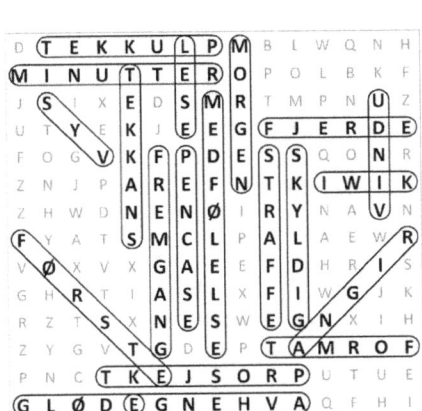

Puzzle 96

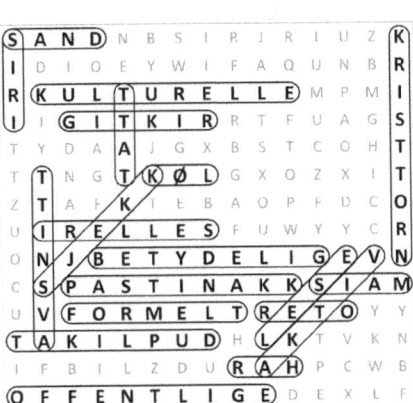

Puzzle 97

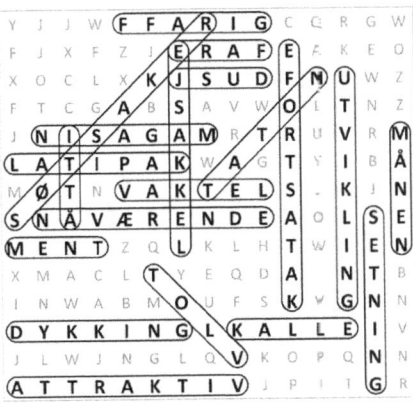

Puzzle 98

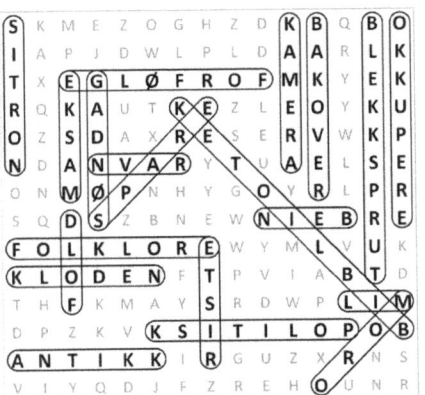

Puzzle 99

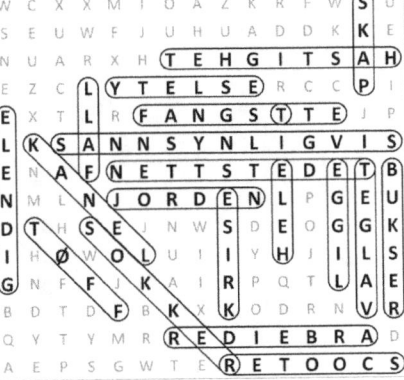

Puzzle 100

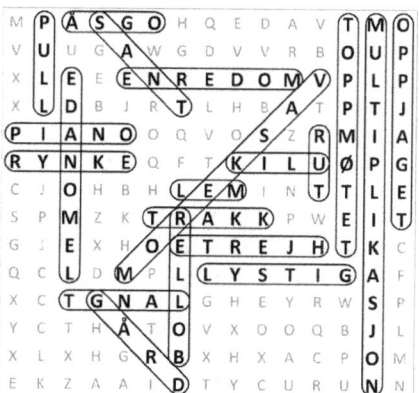

Congratulations

You made it!

We hope you enjoyed this book as much as we enjoyed making it. We do our best to make high quality games.

These puzzles are designed in a clever way to actively spark the brain and make it sharp and quick!
Did you love them?

A Simple Request

Our books exist thanks to the reviews you post on Amazon. Could you help us by leaving a review now?

Here is a short link which will take you to your Amazon orders review page.

BestBooksActivity.com/Review50

MONSTER CHALLENGE!

Challenge #1

Ready for Your Bonus Game? We use them all the time but they are not so easy to find. Here are **Synonyms**!

Note 5 words you discovered in each of the Puzzles noted below (#21, #36, #76) and try to find 2 synonyms for each word.

Note 5 Words from *Puzzle 21*

Words	Synonym 1	Synonym 2

Note 5 Words from *Puzzle 36*

Words	Synonym 1	Synonym 2

Note 5 Words from *Puzzle 76*

Words	Synonym 1	Synonym 2

Challenge #2

Now that you are warmed-up, note 5 words you discovered in each Puzzle noted below (#9, #17, #25) and try to find 2 antonyms for each word. How many lines can you do in 20 minutes?

Note 5 Words from **Puzzle 9**

Words	Antonym 1	Antonym 2

Note 5 Words from **Puzzle 17**

Words	Antonym 1	Antonym 2

Note 5 Words from **Puzzle 25**

Words	Antonym 1	Antonym 2

Challenge #3

Wonderful, this monster challenge is nothing to you!

Ready for the last one? Choose your 10 favorite words discovered in any of the Puzzles and note them below.

1.	6.
2.	7.
3.	8.
4.	9.
5.	10.

Now, using these words and within a maximum of six sentences, your challenge is to compose a text about a person, animal or place that you love!

Tip: You can use the last blank page of this book as a draft!

Your Writing:

Explore a Unique Store
Set Up **FOR YOU!**

BestActivityBooks.com/**TheStore**

Designed for **Entertainment**!

Light Up Your Brain With Unique **Gift Ideas**.

Access **Surprising** And **Essential Supplies!**

CHECK OUT OUR MONTHLY SELECTION NOW!

- Expertly Crafted Products -

NOTEBOOK:

SEE YOU SOON!

Delta Classics Team